王国维文选

王国维 著

泰山出版社·济南

图书在版编目（CIP）数据

王国维文选 / 王国维著. -- 济南：泰山出版社, 2025. 6. --（中国近现代思想文库）. -- ISBN 978-7-5519-0918-1

Ⅰ. C52

中国国家版本馆CIP数据核字第2025D2D781号

WANGGUOWEI WENXUAN

王国维文选

责任编辑	徐甲第
装帧设计	路渊源
出版发行	泰山出版社
社　　址	济南市泺源大街2号　邮编　250014
电　　话	综 合 部（0531）82023579　82022566
	出版业务部（0531）82025510　82020455
网　　址	www.tscbs.com
电子信箱	tscbs@sohu.com
印　　刷	山东通达印刷有限公司
成品尺寸	165 mm×240 mm　16开
印　　张	11.75
字　　数	160千字
版　　次	2025年6月第1版
印　　次	2025年6月第1次印刷
标准书号	ISBN 978-7-5519-0918-1
定　　价	36.00元

凡 例

一、本书收录了作者的经典文章或片段节选，主要展现了作者的学术造诣、思想追求和情感操守，以及当时的时代风貌等。

二、将所选文章改为简体横排，以符合现代阅读习惯。原文存在标点不明、段落不分、标题缺失等不便于阅读之处，编者酌情予以调整。

三、所选文章尽量依照原作，保持原作风格及其时代韵味，同时根据需要，对原文进行了适当的删减和订正。

四、对有些当时惯用的文字，如"的""地""得""作""做""哪""那""化钱""记帐"等，仍多遵照旧用。

目 录

说　商　/ 001

《史记》所谓古文说　/ 003

殷周制度论　/ 006

文学小言　/ 021

人间词话　/ 026

人间词话（未刊手稿）　/ 038

《红楼梦》评论　/ 048

屈子文学之精神　/ 069

古雅之在美学上之位置　/ 073

论　性　/ 078

论哲学家与美术家之天职　/ 089

叔本华与尼采　/ 092

戏曲考源　/ 105

古剧脚色考　/ 126

录曲余谈　/ 141

优语录　/ 151

奏定经学科大学文学科大学章程书后　/ 165

教育小言十则　/ 173

最近二三十年中中国新发见之学问　/ 176

说 商

商之国号本于地名。《史记·殷本纪》云："契封于商。"郑玄、皇甫谧以为上洛之商，盖非也。古之宋国，实名商邱。邱者，虚也。（《说文解字》："虚，大丘也。昆仑丘，谓之昆仑虚。"又云："丘，谓之虚。从丘虍，声。"）宋之称商邱，犹洹水南之称殷虚，是商在宋地。

《左传》昭元年："后帝不臧，迁阏伯于商邱，主辰。商人是因，故辰为商星。"又襄九年《传》："陶唐氏之火正阏伯居商邱，祀大火，而火纪时焉。相土因之，故商主大火。"又昭十七年《传》："宋，大辰之虚也。"大火谓之大辰，则宋之国都确为昭明、相土故地。杜预《春秋释地》以商邱为梁国睢阳（今河南归德府商邱县）。又云，宋、商、商邱三名一地。其说是也，始以地名为国号，继以为有天下之号。其后虽不常厥居，而王都所在仍称大邑商，讫于失天下而不改。罗参事《殷虚书契考释序》云："史称盘庚以后，商改称殷，而遍搜卜辞，既不见殷字，又屡言入商，田游所至，曰往曰出，商独言入，可知文丁、帝乙之世，虽居河北，国尚号商。"其说是也。且《周书·多士》云："肆予敢求尔于天邑商。"是帝辛、武庚之居，犹称商也。至微子之封，国号未改，且处之商邱，又复其先世之地，故国谓之宋，亦谓之商。顾氏《日知录》引《左氏传》"孝惠娶于商"（哀二十四年），"天之弃商久矣"（僖二十二年），"利以伐姜，不利子商"（哀九年）以证宋之得为商。阎百诗《潜邱劄记》驳之，其说甚辨，然不悟周时多谓宋为商。左氏襄九年《传》："士弱曰：'商人阅其祸败之衅，必始于火。'"此答晋侯宋知天道之问。商人，谓宋人也。昭八年《传》："大蒐于红，自根牟至于商、卫，革车千乘。"商、卫，谓宋、卫也。《吴语》："阙为深沟，通于商、鲁之间。"谓宋、鲁之间也。《乐记》："师乙谓子贡，商者，五帝之遗音也，商人识之，故谓之商。齐者，三王之遗音也，齐人识之，故谓之齐。"子贡之时，有齐人，无商人。商人，即宋人也。余疑"宋"与"商"声相近，初本名商，后人欲以别于有天下之商，故谓之宋耳。然则，商之名起于昭明，讫于宋国，盖于宋地终始矣。

《史记》所谓古文说

自秦并天下，同一文字，于是篆、隶行，而古文、籀文废。然汉初古文、籀文之书未尝绝也。《史记·张丞相列传》："张丞相苍好书律历，秦时为御史，典柱下方书。"而许氏《说文·序》言"北平侯张苍献《春秋左氏传》"，盖即"柱下方书"之一，是秦柱下之书至汉初未亡也。《太史公自序》言："秦拨去古文，焚灭《诗》《书》，故明堂石室金匮玉版图籍散乱。"而武帝元封三年，司马迁为太史令，紬史记石室金匮之书，是秦石室金匮之书，至武帝时未亡也。故太史公修《史记》时所据古书，若《五帝德》、若《帝系姓》、若《谍记》、若《春秋历谱谍》、若《国语》、若《春秋左氏传》、若《孔氏弟子籍》，凡先秦六国遗书，非当时写本者，皆谓之古文。《五帝本纪》云："孔氏所传宰予《五帝德》及《帝系姓》，儒者或不传。余尝西至崆峒，北过涿鹿，东渐于海，南浮江淮矣。至长老皆各各称黄帝、尧、舜之处，风教固殊焉，总之不离古文者近是。"

《索隐》云："古文谓《帝德》《帝系》二书也。"是《五帝德》及《帝系姓》二篇本古文也。《三代世表》云："余读《谍记》，黄帝以来皆有年数，稽其《历谱谍》《终始五德》之《传》，古文悉不同乖异。"是《谍记》与《终始五德传》褚先生补《三代世表》引《黄帝终始传》。是《终始五德传》亦书。亦古文也。《十二诸侯年表》云："太史公读《春秋历谱谍》。"又云："《谱谍》独记世谥，其辞略，欲一观诸要难。于是谱十二诸侯，自共和始，讫孔子，表见《春秋》《国语》，学者所讥盛衰大

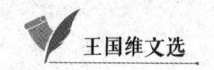

指著于篇，为成学治古文者要删焉。"由是言之，太史公作《十二诸侯年表》，实为《春秋》《国语》作目录，故云"为成学治古文者要删"，是《春秋》《国语》皆古文也。《吴太伯世家》云："余读《春秋》古文，乃知中国之虞与荆蛮句吴兄弟也。"此即据《左氏传》宫之奇所云"太伯、虞仲，太王之昭者"以为说，而谓之"《春秋》古文"，是太史公所见《春秋左氏传》亦古文也。《七十二弟子列传》云："《弟子籍》，出孔氏古文近是。"此孔氏古文非谓壁中书，乃谓孔氏所传旧籍，而谓之古文，是《孔子弟子籍》亦古文也。然则太史公所谓古文，皆先秦写本旧书，其文字虽已废不用，然当时尚非难识，故《太史公自序》云："年十岁则诵古文。"太史公自父谈时已掌天官，其家宜有此种旧籍也。惟六艺之书为秦所焚，故古写本较少。然汉中秘有《易》古文经，河间献王有古文先秦旧书《周官》《尚书》《礼》《礼记》，固不独孔壁书为然。至孔壁书出，于是《尚书》《礼》《春秋》《论语》《孝经》皆有古文。孔壁书之可贵，以其为古文经故，非徒以其文字为古文故也。盖汉景、武间，距用古文之战国时代不及百年，其识古文当较今日之识篆、隶为易。乃《论衡·正说》篇谓："鲁恭王得百篇《尚书》于屋壁中，使使者取视，莫能读者。"作伪《孔安国尚书序》者仍之，谓："科斗书废已久，时人莫能知。"卫恒《四体书势》亦云："汉武时鲁恭王坏孔子宅，得《尚书》《春秋》《论语》《孝经》。时人已不复知有古文，谓之'科斗书'是亦疏矣。"求之《史记》，但云"孔氏有古文《尚书》，而安国以今文读之，因以起其家。《逸书》得十余篇。"此数语，自来读者多失其解。王氏念孙《读书杂志》用其子伯申氏之说曰："当读'因以起其家'为句，'《逸书》'二字连下读。起，兴起也。家，家法也。汉世《尚书》多用今文，自孔氏治古文经，读之、说之，传以教人，其后遂有古文家。是古文家法自孔氏兴起也。故曰'因以起其家'。"又云：《汉书·艺文志》曰"凡《书》九家"，谓孔氏《古文》，伏生《大传》，欧阳、大小夏侯说及刘向《五行传记》，许商《五行传记》，《逸周书》，《石渠议奏》也。《刘歆传》曰"数家之事，皆先帝所亲论，今上所考视"，谓《逸礼》、古文《尚书》、《春秋左氏》也。是古文《尚书》自为一家之证。《书序正义》引刘向《别录》曰："武帝末，民间有得《泰誓》，献之。与博士使读说之，数月皆起。"《后汉书·桓郁传》注引华峤书，明帝问郁曰：子几人能传学？郁曰：臣子皆未能传学，孤兄子一人，学方起。帝曰：努力教之，有起者即白之。是起谓其学兴起也。盖古文《尚书》初出，其本与伏生所传颇有异同，而尚无章句训诂，安国因以今文定其章句，通其假借，读而传之，是谓"以今文读之"，其所谓"读"，与班孟坚所谓"齐人能正《苍颉》读"，马季长所谓"杜子春始通《周官》读"之"读"，无以异也。然则安国之于古文《尚书》，其事业在读之、起之，至于文字，盖非当世所不复知如王仲任辈所云也。自武、昭以后，先秦古书传世益少，其存者往往归于秘府，于是古文之名渐为"壁中书"所专有。然秘府古文之书，学者亦类能读之，如刘向以中古义《易经》校施、孟、梁邱经及费氏经；以中古文《尚书》校欧阳、大、小夏侯三家经文。又谓《礼古经》与十七篇文多相似，多三十九篇。谓《孝经》诸家说不安处，古文字读皆异。刘歆校秘书，见古文《春秋左氏传》，大好之。子政父子皆未闻受古文字学，而均能读其书，是古文迄西京之末尚非难识如王仲任辈所云也。嗣是迄后汉，如杜伯山、卫敬仲、徐巡、班孟坚、贾景伯、马季长、郑康成之徒，皆亲见壁中书或其传写之本，然未有苦其难读者，是古文难读之说起于王仲任辈未见壁中书者。其说至魏、晋间而大盛。不知汉人初未尝有是事也。

殷周制度论

中国政治与文化之变革，莫剧于殷、周之际。都邑者，政治与文化之标征也。自上古以来，帝王之都皆在东方：太皞之虚在陈，大庭氏之库在鲁，黄帝邑于涿鹿之阿，少皞与颛顼之虚皆在鲁、卫，帝喾居亳。惟史言尧都平阳、舜都蒲坂、禹都安邑，俱僻在西北，与古帝宅京之处不同。然尧号陶唐氏，而冢在定陶之成阳；舜号有虞氏，而子孙封于梁国之虞县；《孟子》称舜生卒之地皆在东夷。盖洪水之灾，兖州当其下游，一时或有迁都之事，非定居于西土也。禹时都邑虽无可考，然夏自太康以后以迄后桀，其都邑及他地名之见于经典者，率在东土，与商人错处河、济间盖数百岁。商有天下，不常厥邑，而前后五迁，不出邦畿千里之内。故自五帝以来，政治文物所自出之都邑，皆在东方。惟周独崛起西土。武王克纣之后，立武庚、置三监而去，未能抚有东土也。逮武庚之乱，始以兵力平定东方，克商践奄，灭国五十，乃建康叔于卫、伯禽于鲁、太公望于齐、召公之子于燕，其余蔡、郕、郜、雍、曹、滕、凡、蒋、邢、茅诸国，棋置于殷之畿内及其侯甸。而齐、鲁、卫三国，以王室懿亲，并有勋伐，居蒲姑、商、奄故地，为诸侯长。又作雒邑为东都，以临东诸侯，而天子仍居丰镐者凡十一世。自五帝以来，都邑之自东方而移于西方，盖自周始。故以族类言之，则虞、夏皆颛顼后。殷、周皆帝喾后，宜殷、周为亲。以地理言之，则虞、夏、商皆居东土，周独起于西方，故夏、商二代文化略同。"洪范九畴"，帝之所以锡禹者，而箕子传之矣。夏之季世，若胤甲，若孔甲，若履癸，始以日为名，而殷人承之矣。文化既尔，政治亦然。周之克殷，灭国五十。又其遗民，或迁之雒邑，或分之鲁、卫诸国。而殷人所伐，不过韦、顾、昆吾，且豕韦之后仍为商伯。昆吾虽亡，而己姓之国仍存于商、周之世。《书·多士》曰："夏迪简在王庭，有服在百僚。"当属事实。故夏、殷间政治与文物之变革，不似殷、周间之剧烈矣。殷、周间之大变革，自其表言之，不过一姓一家之兴亡与都邑之移转；自其里言之，则旧制度废而新制度兴，旧文化废而新文化兴。又自其表言之，则古圣人之所以取天下及所以守之者，若无以异于后世之帝王；而自其里言之，则其制度文物与其立制之本意，乃出于万世治安之大计，其心术与规摹，迥非后世帝王所能梦见也。

欲观周之所以定天下，必自其制度始矣。周人制度之大异于商者，一曰立子立嫡之制，由是而生宗法及丧服之制，并由是而有封建子弟之制、君天子臣诸侯之制；二曰庙数之制；三曰同姓不婚之制。此数者，皆周之所以纲纪天下。其旨则在纳上下于道德，而合天子、诸侯、卿、大夫、士、庶民以成一道德之团体，周公制作之本意，实在于此。此非穿凿附会之言也，兹篇所论，皆有事实为之根据，试略述之。

殷以前无嫡庶之制。黄帝之崩，其二子昌意、玄嚣之后，代有天下。颛顼者，昌意之子。帝喾者，玄嚣之子也。厥后虞、夏皆颛顼后，殷、周皆帝喾后。有天下者，但为黄帝之子孙，不必为黄帝之嫡。世动言尧、舜禅让，汤、武征诛，若其传天下与受天下有大不同者。然以帝系言之，尧、舜之禅天下，以舜、禹之功，然舜、禹皆颛顼后，本可以有天下者也。汤、武之代夏、商，固以其功与德，然汤、武皆帝喾后，亦本可以有天下者也。以颛顼以来诸朝相继之次言之，固已无嫡庶之别矣。一朝之中，其嗣位者亦然。特如商之继统法，以弟及为主而以子继辅之，无弟然后传子。自成汤至于帝辛三十帝中，以弟继兄者凡十四帝；外丙、中壬、大庚、雍己、大戊、外壬、河亶甲、沃甲、南庚、盘庚、大辛、小乙、祖甲、庚丁。其以子继父者，亦非兄之子，而多为弟之子。小甲、中丁、祖辛、武丁、祖庚、廪辛、武乙。惟沃甲崩，祖辛之子祖丁立；祖丁崩，沃甲之子南庚立；南庚崩，祖丁之子阳甲立。此三事，独与商人继统法不合。此盖《史记·殷本纪》所谓中丁以后九世之乱，其间当有争立之事而不可考矣。故商人祀其先王，兄弟同礼，即先王兄弟之未立者，其礼亦同，是未尝有嫡庶之别也。此不独王朝之制，诸侯以下亦然。近保定南乡出句兵三，皆有铭，其一曰："大祖日己，祖日丁，祖日乙，祖日庚，祖日丁，祖日己，祖日己。"其二曰："祖日乙，大父日癸，大父日癸，中父日癸，父日癸，父日辛，父日己。"其三曰："大兄日乙，兄日戊，兄日壬，兄日癸，兄日癸，兄日丙。"此当是殷时北方侯国勒祖父兄之名于兵器以纪功者。而三世兄弟之名先后骈列，无上下贵贱之别。是故大王之立王季也，文王之舍伯邑考而立武王也，周公之继武王而摄政称王也，自殷制言之，皆正也。殷自武乙以后四世传子。又《孟子》谓："以纣为兄之子，且以为君，而有微子启、王子比干。"《吕氏春秋·当务》篇云："纣之同母三人，其长子曰微子启，其次曰仲衍，其次曰受德。受德乃纣也，甚少矣。纣母之生微子启与仲衍也，尚为妾，已而为妻而生纣。纣之父、纣之母欲置微子启以为大子。大史据法而争之曰：有妻之子而不可置妾之子。纣故为后。"《史记·殷本纪》则云："帝乙长子为微子启，启母贱，不得嗣。少子辛，辛母正后，故立辛为嗣。"此三说虽不同，似商末已有立嫡之制。然三说已自互异，恐即以周代之制拟之，未敢信为事实也。舍弟传子之法，实自周始。当武王之崩，天下未定，国赖长君，周公既相武王克殷胜纣，勋劳最高，以德以长，以历代之制，则继武王而自立，固其所矣。而周公乃立成王而已摄之，后又反政焉。摄政者，所以济变也。立成王者，所以居正也。自是以后，子继之法遂为百王不易之制矣。

　　由传子之制而嫡庶之制生焉。夫舍弟而传子者，所以息争也。

兄弟之亲本不如父子，而兄之尊又不如父，故兄弟间常不免有争位之事。特如传弟既尽之后，则嗣立者当为兄之子欤？弟之子欤？以理论言之，自当立兄之子；以事实言之，则所立者往往为弟之子。此商人所以有中丁以后九世之乱，而周人传子之制正为救此弊而设也。然使于诸子之中可以任择一人而立之，而此子又可任立其欲立者，则其争益甚，反不如商之兄弟以长幼相及者犹有次第矣。故有传子之法，而嫡庶之法亦与之俱生。其条例则《春秋左氏传》之说曰："太子死，有母弟则立之，无则立长。年钧择贤，义钧则卜。"《公羊》家之说曰："礼，嫡夫人无子立右媵，右媵无子立左媵，左媵无子立嫡侄娣，嫡侄娣无子立右媵侄娣，右媵侄娣无子立左媵侄娣。质家亲亲先立娣，文家尊尊先立侄。嫡子有孙而死，质家亲亲先立弟，文家尊尊先立孙。其双生也，质家据现在立先生，文家据本意立后生。"此二说中，后说尤为详密，顾皆后儒充类之说，当立法之初，未必穷其变至此。然所谓"立子以贵不以长，立適以长不以贤者"，乃传子法之精髓，当时虽未必有此语，固已用此意矣。盖天下之大利莫如定，其大害莫如争。任天者定，任人者争。定之以天，争乃不生。故天子、诸侯之传世也，继统法之立子与立嫡也，后世用人之以资格也，皆任天而不参以人，所以求定而息争也。古人非不知官天下之名美于家天下，立贤之利过于立嫡，人才之用优于资格，而终不以此易彼者，盖惧夫名之可藉而争之易生，其敝将不可胜穷，而民将无时或息也。故衡利而取重，絜害而取轻，而定为立子立嫡之法，以利天下后世。而此制实自周公定之，是周人改制之最大者，可由殷制比较得之，有周一代礼制，大抵由是出也。

是故，由嫡庶之制而宗法与服术二者生焉。商人无嫡庶之制，故不能有宗法。藉曰有之，不过合一族之人奉其族之贵且贤者而宗之。其所宗之人，固非一定而不可易，如周之大宗、小宗也。周人嫡庶之制，本为天子、诸侯继统法而设，复以此制通大夫以下，则不为君统而为宗统，于是宗法生焉。周初宗法虽不可考，其见于七十子后学所述者，则《丧服小记》曰："别子为祖，继别为宗，继祢者为小宗。有五世而迁之宗，其继高祖者也。是故，祖迁于上，宗易于下。敬宗所以尊祖祢也。"《大传》曰："别子为祖，继别为宗，继祢者为小宗。有百世不迁之宗，有五世则迁之宗。百世不迁者，别子之后也。宗其继别子者，百世不迁者也。宗其继高祖者，五世则迁者也。尊祖故敬宗。敬宗，尊祖之义也。"是故，有继别之大宗，有继高祖之宗，有继曾祖之宗，有继祖之宗，有继祢之宗，是为五宗。其所宗者皆嫡也，宗之者皆庶也。此制为大夫以下设，而不上及天子、诸侯。郑康成于《丧服小记》注曰："别子，诸侯之庶子，别为后世为始祖者也。谓之别子者，公子不得祢先君也。"又于《大传》注曰："公子不得宗君。"是天子、诸侯虽本世嫡，于事实当统无数之大宗，然以尊故，无宗名。其庶子不得祢先君，又不得宗今君，故自为别子，而其子乃为继别之大宗。言礼者嫌别子之世近于无宗也，故《大传》说之曰："有大宗而无小宗者，有小宗而无大宗者，有无宗亦莫之宗者，公子是也。公子有宗道。公子之公，为其士、大夫之庶者，宗其士、大夫之适者。"注曰："公子不得宗君，君命适昆弟为之宗，使之宗之。"此《传》所谓"有大宗而无小宗"也。又若无适昆弟，则使庶昆弟一人为之宗，而诸庶兄弟事之如小宗，此《传》所谓"有小宗而无大宗"也。《大传》此说，颇与《小记》及其自说违异。盖宗必有所继，我之所以宗之者，以其继别若继高祖以下故也。君之嫡昆弟、庶昆弟皆不得继先君，又何所据以为众兄弟之宗乎？或云：立此宗子者，所以合族也。若然，则所合者一公之子耳。至此公之子与先公之子若孙间，仍无合之之道。是大夫、士以下皆有族，而天子、诸侯之子，于其族曾祖父母、从祖祖父母、世父母、叔父母以下服之所及者，乃无缀属之法，是非先王教人亲亲之意也。故由尊之统言，则天子、诸侯绝宗，王子、公子无宗可也；由亲之统言，则天子、诸侯之子，身为别子而其后世为大宗者，无不奉天子、诸侯以为最大之大宗，特以尊卑既殊，不敢加以宗名，而其实则仍在也。故《大传》曰："君有合族之道。"其在《诗·小雅》之《常棣》序曰"燕兄弟也"，其诗曰："傧尔笾豆，饮酒之饫。兄弟既具，和乐且孺。"《大雅》之《行苇》序曰"周家能内睦九族也"，其诗曰："戚戚兄弟，莫远具迩。或肆之筵，或授之几。"是即《周礼·大宗伯》所谓"以饮食之礼亲宗族兄弟"者，是天子之收族也。《文王世子》曰"公与族人燕则以齿"，又曰"公与族人燕则异姓为宾"，是诸侯之收族也。夫收族者，大宗之事也。又在《小雅》之《楚茨》曰"诸父兄弟，备言燕私"，此言天子、诸侯祭毕而与族人燕也。《尚书大传》曰"宗室有事，族人皆侍终日。大宗已侍于宾奠，然后燕私。燕私者何也？祭已而与族人饮也"，是祭毕而燕族人者，亦大宗之事也。是故天子、诸侯虽无大宗之名，而有大宗之实。笃《公刘》之诗曰"食之饮之，君之宗之"，传曰："为之君，为之大宗也。"《板》之诗曰"大宗维翰"，传曰："王者，天下之大宗。"又曰"宗子维城"，笺曰："王者之嫡子，谓之宗子。"是礼家之大宗限于大夫以下者，诗人直以称天子、诸侯。惟在天子、诸侯则宗统与君统合，故不必以宗名；大夫、士以下皆以贤才进，不必身是嫡子。故宗法乃成一独立之统系。是以《丧服》有为宗子及其母、妻之服皆齐衰三月，与庶人为国君、曾孙为曾祖父母之服同。适子、庶子祗事宗子，宗妇虽贵富，不敢以贵富入于宗子之家。子弟犹归器，祭则具二牲，献其贤者于宗子，夫妇皆齐而宗敬焉，终事而敢私祭。是故大夫以下、君统之外复戴宗统，此由嫡庶之制自然而生者也。

其次则为丧服之制。《丧服》之大纲四：曰亲亲，曰尊尊，曰长长，曰男女有别。无嫡庶，则有亲而无尊，有恩而无义，而丧服之统紊矣。故殷以前之服制，就令成一统系，其不能如周礼服之完密，则可断也。《丧服》中之自嫡庶之制出者，如父为长子三年，为众子期；庶子不得为长子三年；母为长子三年，为众子期；公为適子之长殇、中殇大功，为庶子之长殇、中殇无服；大夫为適子之长殇、中殇大功，为庶子之长殇小功，適妇大功，庶妇小功，適孙期，庶孙小功；大夫为嫡孙为士者期，庶孙小功；出妻之子为母期，为父后者则为出母无服，为父后者为其母锶；大夫之適子为妻期，庶子为妻小功；大夫之庶子为適昆弟期，为庶昆弟大功，为適昆弟之长殇、中殇大功，为庶昆弟之长殇小功，为適昆弟之下殇小功，为庶昆弟之下殇无服；女子子适人者，为其昆弟之为父后者期，为众昆弟大功。凡此，皆出于嫡庶之制，无嫡庶之世，其不适用此制明矣。又无嫡庶则无宗法，故为宗子与宗子之母、妻之服无所施。无嫡庶，无宗法，则无为人后者，故为人后者为其所后及为其父母昆弟之服亦无所用。故《丧服》一篇，其条理至精密纤悉者，乃出于嫡庶之制既行以后。自殷以前，决不能有此制度也。

　　为人后者为之子，此亦由嫡庶之制生者也。商之诸帝，以弟继兄者，但后其父而不后其兄，故称其所继者仍曰兄甲、兄乙，既不为之子，斯亦不得云为之后矣。又商之诸帝，有专祭其所自出之帝而不及非所自出者，卜辞有一条曰"大丁、大甲、大庚、大戊、中丁、祖乙、祖辛、祖丁牛一羊一"，《殷虚书契后编》卷上第五叶及拙撰《殷卜辞中所见先公先王续考》。其于大甲、大庚之间不数沃丁，是大庚但后其父大甲，而不为其兄沃丁后也；中丁、祖乙之间不数外壬、河亶甲，是祖乙但后其父中丁，而不为其兄外壬、河亶甲后也。又一条曰"□祖乙、小乙。祖丁、武丁。祖甲、康祖丁、庚丁。武乙衣"，《书契后编》卷上第二十叶并拙撰《殷卜辞中所见先公先王考》。于祖甲前不数祖庚，康祖丁前不数廩辛，是亦祖甲本不后其兄祖庚，庚丁不后其兄廩辛，故后世之帝，于合祭之一种中乃废其祀。其特祭仍不废。是商无为人后者为之子之制也。周则兄弟之相继者，非为其父后，而实为所继之兄弟后。以春秋时之制言之，《春秋经》文二年书"八月丁卯，大事于大庙，跻僖公"，《公羊传》曰："讥。何讥尔？逆祀也。其逆祀奈何？先祢而后祖也。"夫僖本闵兄，而传乃以闵为祖，僖为祢，是僖公以兄为弟闵公后，即为闵公子也。又《经》于成十五年书"三月乙巳，仲婴齐卒"，传曰："仲婴齐者，公孙婴齐也。公孙婴齐则曷为谓之仲婴齐？为兄后也。为兄后则曷为谓之仲婴齐？为人后者为之子也。为人后者为之子，则其称仲何？孙以王父字为氏也。然则婴齐孰后？后归父也。"夫婴齐为归父弟，以为归父后，故祖其父仲遂而以其字为氏。是春秋时为人后者无不即为其子。此事于周初虽无可考，然由嫡庶之制推之，固当如是也。

又与嫡庶之制相辅者，分封子弟之制是也。商人兄弟相及，凡一帝之子，无嫡庶长幼，皆为未来之储贰，故自开国之初，已无封建之事，列在后世？惟商末之微子、箕子，先儒以微、箕为二国名，然比干亦王子而无封，则微、箕之为国名，亦未可遽定也。是以殷之亡，仅有一微子以存商祀，而中原除宋以外，更无一子姓之国。以商人兄弟相及之制推之，其效固应如是也。周人既立嫡长，则天位素定，其余嫡子、庶子，皆视其贵贱贤否，畴以国邑。开国之初，建兄弟之国十五，姬姓之国四十，大抵在邦畿之外；后王之子弟，亦皆使食畿内之邑。故殷之诸侯皆异姓，而周则同姓、异姓各半。此与政治文物之施行甚有关系，而天子、诸侯君臣之分，亦由是而确定者也。

自殷以前，天子、诸侯君臣之分未定也。故当夏后之世，而殷之王亥、王恒，累叶称王。汤未放桀之时，亦已称王。当商之末，而周之文、武亦称王。盖诸侯之于天子，犹后世诸侯之于盟主，未有君臣之分也。周初亦然，于《牧誓》《大诰》皆称诸侯曰"友邦君"，是君臣之分亦未全定也。逮克殷践奄，灭国数十，而新建之国皆其功臣、昆弟、甥舅，本周之臣子；而鲁、卫、晋、齐四国，又以王室至亲为东方大藩，夏、殷以来古国，方之蔑矣。由是天子之尊，非复诸侯之长而为诸侯之君，其在《丧服》，则诸侯为天子斩衰三年，与子为父、臣为君同。盖天子、诸侯君臣之分始定于此。此周初大一统之规模，实与其大居正之制度相待而成者也。

嫡庶者，尊尊之统也，由是而有宗法，有服术。其效及于政治者，则为天位之前定、同姓诸侯之封建、天子之尊严。然周之制度，亦有用亲亲之统者，则祭法是已。商人祭法见于卜辞所纪者，至为繁复。自帝喾以下，至于先公先王先妣，皆有专祭，祭各以其名之日，无亲疏远迩之殊也。先公先王之昆弟，在位者与不在位者祀典略同，无尊卑之差也。其合祭也，则或自上甲至于大甲九世，或自上甲至于武乙二十世，或自大丁至于祖丁八世，或自大庚至于中丁三世，或自帝甲至于祖丁二世，或自小乙至于武乙五世，或自武丁至于武乙四世。又数言"自上甲至于多后衣"，此于卜辞屡见，必非周人三年一祫、五年一禘之大祭，是无毁庙之制也。虽《吕览》引《商书》言"五世之庙可以观怪"，而卜辞所纪事实乃全不与之合，是殷人祭其先无定制也。周人祭法，《诗》《书》《礼经》皆无明文。据礼家言，乃有七庙、四庙之说。此虽不可视为宗周旧制，然礼家所言庙制，必已萌芽于周初，固无可疑也。古人言周制尚文者，盖兼综数义而不专主一义之谓。商人继统之法不合尊尊之义，其祭法又无远迩尊卑之分，则于亲亲、尊尊二义皆无当也。周人以尊尊之义经亲亲之义而立嫡庶之制，又以亲亲之义经尊尊之义而立庙制，此其所以为文也。说庙制者，有七庙、四庙之殊，然其实不异。《王制》《礼器》《祭法》《春秋穀梁传》皆言"天子七庙、诸侯五"。《曾子问》言"当七庙、五庙无虚主"，《荀子·礼论》篇亦言"有天下者事七世，有一国者事五世"。惟《丧服小记》独言"王者禘其祖之所自出，以其祖配之而立四庙"，郑注："高祖以下也，与始祖而五也。"如郑说，是四庙实五庙也。《汉书·韦玄成传》："玄成等奏：《祭义》曰：'王者禘其祖之所自出，以其祖配之而立四庙。'言始受命而王，祭天以其祖配，而不为立庙，亲尽也。立亲庙四，亲亲也。亲尽而迭毁，亲疏之杀，示有终。周之所以七庙者，以后稷始封，文王、武王受命而王，是以三庙不毁，与亲庙四而七。"《公羊》宣六年传何注云："礼，天子、诸侯立五庙。周家祖有功，宗有德，立后稷、文、武庙，至于子孙，自高祖以下而七庙。"《王制》郑注亦云："七者，太祖及文、武之祧，与亲庙四。"则周之七庙，仍不外四庙之制。刘歆独引《王制》说之曰："天子三昭、三穆，与太祖之庙而七。七者，其正法，不可常数者也。宗不在此数中，宗变也。"是谓七庙之中，不数文、武，则有亲庙六。以礼意言之，刘说非也。盖礼有尊之统，有亲之统。以尊之统言之，祖愈远则愈尊，则如殷人之制，遍祀先公先王可也。庙之有制也，出于亲之统。由亲之统言之，则亲亲以三为五，以五为九，上杀、下杀、旁杀而亲毕矣。亲，上不过高祖，下不过玄孙，故宗法、服术皆以五为节。《丧服》有"曾祖父母服而无高祖父母服，曾祖父母之服不过齐衰三月"。若夫玄孙之生，殆未有及见高祖父母之死者；就令有之，其服亦不过袒免而止。此亲亲之界也，过是则亲属竭矣，故遂无服。服之所不及，祭亦不敢及，此礼服家所以有天子四庙之说也。刘歆又云："天子七日而殡，七月而葬。诸侯五日而殡，五月而葬。"此丧事尊卑之序也，与庙数相应。《春秋左氏传》曰"名位不同，礼亦异数"，"自上以下，降杀以两，礼也"，虽然，言岂一端而已。礼有以多为贵者，有以少为贵者，有无贵贱一者。车服之节，殡葬之期，此有等衰者也。至于亲亲之事，则贵贱无以异。以三为五，大夫以下用之；以五为九，虽天子不能过也。既有不毁之庙以存尊统，复有四亲庙以存亲统，此周礼之至文者也。宗周之初，虽无四庙明文，然祭之一种限于四世，则有据矣。《逸周书·世俘解》："王克殷，格于庙，王烈祖自大王、大伯、王季、虞公、文王、邑考以列升。"此太伯、虞公、邑考与三王并升，犹用殷礼，然所祀者四世也。《中庸》言："周公成文、武之德，追王大王、王季，上祀先公以天子之礼。"于先公之中追王二代，与文、武而四，则成王、周公时庙数虽不必限于四王，然追王者与不追王者之祭，固当有别矣。《书·顾命》所设几筵，乃成王崩，召公摄成王册命康王时依神之席，见拙撰《周书顾命考》及《顾命后考》。而其席则牖间、西序、东序与西夹凡四，此亦为大王、王季、文王、武王设。是周初所立，即令不止四庙，其于高祖以下，固与他先公不同。其后遂为四亲庙之制，又加以后稷、文、武，遂为七庙。是故遍祀先公先王者，殷制也；七庙、四庙者，七十子后学之说也。周初制度，自当在此二者间。虽不敢以七十子后学之说上拟宗周制度，然其不如殷人之遍祀其先，固可由其他制度知之矣。

以上诸制，皆由尊尊、亲亲二义出。然尊尊、亲亲、贤贤，此三者治天下之通义也。周人以尊尊、亲亲二义，上治祖祢，下治子孙，旁治昆弟，而以贤贤之义治官。故天子、诸侯世，而天子、诸侯之卿、大夫、士皆不世。盖天子、诸侯者，有土之君也。有土之君，不传子，不立嫡，则无以弭天下之争。卿、大夫、士者，图事之臣也，不任贤，无以治天下之事。以事实证之，周初三公，惟周公为武王母弟，召公则疏远之族兄弟，而太公又异姓也。成、康之际，其六卿为召公、芮伯、彤伯、毕公、卫侯、毛公，而召、毕、毛三公又以卿兼三公，周公、太公之子不与焉。王朝如是，侯国亦然，故《春秋》讥世卿。世卿者，后世之乱制也。礼有大夫为宗子之服，若如春秋以后世卿之制，则宗子世为大夫，而支子不得与，又何大夫为宗子服之有矣。此卿、大夫、士不世之制，当自殷已然，非属周制，虑后人疑传子立嫡之制通乎大夫以下，故附著之。

男女之别，周亦较前代为严。男子称氏，女子称姓，此周之通制也。上古女无称姓者，有之，惟一姜嫄。姜嫄者，周之妣，而其名出于周人之口者也。传言黄帝之子为十二姓，祝融之后为八姓。又言虞为姚姓，夏为姒姓，商为子姓。凡此纪录，皆出周世。据殷人文字，则帝王之妣与母皆以日名，与先王同，诸侯以下之妣亦然。传世商人彝器多有妣甲、妣乙诸文。虽不敢谓殷以前无女姓之制，然女子不以姓称，固事实也。《晋语》："殷辛伐有苏氏，有苏氏以妲己女焉。案：苏国己姓，其女称妲己。似己为女子称姓之始，然恐亦周人追名之。而周则大姜、大任、大姒、邑姜，皆以姓著。自是讫于春秋之末，无不称姓之女子。《大传》曰："四世而缌，服之穷也。五世袒免，杀同姓也。六世亲属竭矣。其庶姓别于上而戚单于下，婚姻可以通乎？"又曰："系之以姓而弗别，缀之以食而弗殊，虽百世而婚姻不通者，周道然也。"然则商人六世以后或可通婚；而同姓不婚之制，实自周始；女子称姓，亦自周人始矣。

是故有立子之制而君位定，有封建子弟之制而异姓之势弱、天子之位尊。有嫡庶之制，于是有宗法，有服术，而自国以至天下合为一家。有卿、大夫不世之制，而贤才得以进。有同姓不婚之制，而男女之别严。且异姓之国，非宗法之所能统者，以婚媾甥舅之谊通之。于是天下之国，大都王之兄弟、甥舅，而诸国之间亦皆有兄弟、甥舅之亲，周人一统之策实存于是。此种制度，固亦由时势之所趋，然手定此者，实惟周公。原周公所以能定此制者，以公于旧制本有可以为天子之道，其时又躬握天下之权，而顾不嗣位而居摄，又由居摄而致政，其无利天下之心？昭昭然为天下所共见。故其所设施，人人知为安国家、定民人之大计，一切制度遂推行而无所阻矣。

由是制度，乃生典礼，则"经礼三百、曲礼三千"是也。凡制度、典礼所及者，除宗法、丧服数大端外，上自天子、诸侯，下至大夫、士止，民无与焉，所谓"礼不下庶人"是也。若然，则周之政治但为天子、诸侯、卿、大夫、士设，而不为民设乎？曰：非也。凡有天子、诸侯、卿、大夫、士者，以为民也。有制度、典礼以治，天子、诸侯、卿、大夫、士，使有恩以相洽，有义以相分，而国家之基定，争夺之祸泯焉。民之所求者，莫先于此矣。且古之所谓国家者，非徒政治之枢机，亦道德之枢机也。使天子、诸侯、大夫、士各奉其制度、典礼，以亲亲、尊尊、贤贤，明男女之别于上，而民风化于下，此之谓治。反是，则谓之乱。是故，天子、诸侯、卿、大夫、士者，民之表也；制度、典礼者，道德之器也。周人为政之精髓，实存于此。此非无征之说也。以经证之，《礼经》言治之迹者，但言天子、诸侯、卿、大夫、士；而《尚书》言治之意者，则惟言庶民。《康诰》以下九篇，周之经纶天下之道胥在焉。其书皆以民为言，《召诰》一篇，言之尤为反覆详尽，曰命，曰天，曰民，曰德，四者一以贯之。其言曰："天亦哀于四方民，其眷命用懋，王其疾敬德。"又曰："今天其命哲，命吉凶，命历年。知今我初服，宅新邑，肆惟王其疾敬德。王其德之用，祈天永命。"又曰："欲王以小民受天永命。"且其所谓德者，又非徒仁民之谓，必天子自纳于德而使民则之，故曰"其惟王勿以小民淫用非彝"，又曰"其惟王位在德元，小民乃惟刑用于天下，越王显"。充此言以治天下，可云至治之极轨。自来言政治者，未能有高焉者也。古之圣人，亦岂无一姓福祚之念存于其心，然深知夫一姓之福祚与万姓之福祚是一非二，又知一姓万姓之福祚与其道德是一非二，故其所以祈天永命者，乃在"德"与"民"二字。此篇乃召公之言，而史佚书之以诰天下。《洛诰》云"作册逸诰"，是史逸所作《召诰》与《洛诰》日月相承，乃一篇分为二者，故亦史佚作也。文、武、周公所以治天下之精义大法，胥在于此。故知周之制度、典礼，实皆为道德而设。而制度、典礼之专及大夫、士以上者，亦未始不为民而设也。

周之制度、典礼，乃道德之器械，而尊尊、亲亲、贤贤、男女有别四者之结体也，此之谓民彝。其有不由此者，谓之非彝。《康诰》曰"勿用非谋非彝"，《召诰》曰"其惟王勿以小民淫用非彝"。非彝者，礼之所去，刑之所加也。《康诰》曰："凡民自得罪，寇攘奸宄，杀越人于货，暋不畏死，罔不憝。"又曰："元恶大憝，矧惟不孝不友。子弗祗服厥父事，大伤厥考心。于父不能字厥子，乃疾厥子。于弟弗念天显，乃弗克恭厥兄，兄亦不念鞠子哀，大不友于弟。惟吊兹，不于我政人得罪，天惟与我民彝大泯乱。曰：乃其速由文王作罚，刑兹无赦。"此周公诰康叔治殷民之道。殷人之刑惟寇攘奸宄，而周人之刑则并及不孝不友，故曰"惟吊兹，不于我政人得罪"，又曰"乃其速由文王作罚"，其重民彝也如此。是周制刑之意，亦本于德治、礼治之大经。其所以致太平与刑措者，盖可睹矣。

夫商之季世，纪纲之废，道德之隳极矣。周人数商之罪，于《牧誓》曰："今商王受，惟妇言是用，昏弃厥肆祀弗答，昏弃厥遗王父母弟弗迪，乃惟四方之多罪逋逃，是崇，是长，是信，是使，是以为大夫、卿士，以暴虐于百姓，以奸宄于商邑。"于《多士》曰："在今后嗣王，诞淫厥洪，罔顾于天显民祇"。于《多方》曰："乃惟尔辟，以尔多方，大淫图天之命，屑有辞。"于《酒诰》曰："在今后嗣王酣身，厥命罔显于民祇，保越怨不易。诞惟厥纵淫跌于非彝，用燕丧威仪，民罔不蠢伤心。惟荒腆于酒，不惟自息乃逸。厥心疾很，不克畏死，辜在商邑，越殷国民无罹。弗惟德馨香祀，登闻于天，诞惟民怨，庶群自酒，腥闻在上，故天降丧于殷。罔爱于殷，惟逸。天非虐，惟民自速辜。"由前三者之说，则失德在一人；由后之说，殷之臣民其渐于亡国之俗久矣。此非敌国诬谤之言也，殷人亦屡言之，《西伯戡黎》曰："惟王淫戏用自绝。"《微子》曰："我用沈酗于酒，用乱败厥德于下。殷罔不小大，好草窃奸宄，卿士师师非度。凡有辜罪，乃罔恒获。小民方兴，相为敌雠。"又曰："天毒降灾荒殷邦，方兴沈酗于酒，乃罔畏畏，咈其耈长，旧有位人。今殷民乃攘窃神祇之牺牷牲用，以容将食无灾。"夫商道尚鬼，乃至窃神祇之牺牲，卿士浊乱于上，而法令隳废于下，举国上下，惟奸宄敌雠之是务，固不待孟津之会、牧野之誓，而其亡已决矣。而周自大王以后，世载其德，自西土邦君、御事小子，皆克用文王教。至于庶民，亦聪听祖考之彝

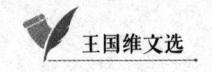

训。是殷、周之兴亡,乃有德与无德之兴亡,故克殷之后,尤兢兢以德治为务。《召诰》曰:"我不可不监于有夏,亦不可不监于有殷。我不敢知曰:有夏受天命,惟有历年。我不敢知曰:不其延。惟不敬厥德,乃早坠厥命。我不敢知曰:有殷受天命,惟有历年。我不敢知曰:不其延。惟不敬厥德,乃早坠厥命。今王嗣受厥命,我亦惟兹二国命,嗣若功。王乃初服。"周之君臣,于其嗣服之初反覆教戒也如是,则知所以驱草窃奸宄相为敌雠之民而跻之仁寿之域者,其经纶固大有在。欲知周公之圣与周之所以王,必于是乎观之矣。

文学小言

一

昔司马迁推本汉武时学术之盛，以为利禄之途使然。余谓一切学问皆能以利禄劝，独哲学与文学不然。何则？科学之事业皆直接间接以厚生利用为旨，古未有与政治及社会上之兴味相刺谬者也。至一新世界观与新人生观出，则往往与政治及社会上之兴味不能相容。若哲学家而以政治及社会之兴味为兴味，而不顾真理之如何，则又决然非真正之哲学。此欧洲中世哲学之以辩护宗教为务者，所以蒙极大之污辱，而叔本华所以痛斥德意志大学之哲学者也。文学亦然；铺缀的文学，决非文学也。

二

文学者，游戏的事业也。人之势力，用于生存竞争而有余，于是发而为游戏。婉娈之儿，有父母以衣食之，以卵翼之，无所谓争存之事也。其势力无所发泄，于是作种种之游戏。迨争存之事亟，而游戏之道息矣。唯精神上之势力独优，而又不必以生事为急者，然后终身得保其游戏之性质。而成人以后，又不能以小儿之游戏为满足，于是对其自己之情感及所观察之事物而摹写之，咏叹之，以发泄所储蓄之势力。故民族文化之发达，非达一定之程度，则不能有文学；而个人之汲汲于争存者，决无文学家之资格也。

三

人亦有言，名者利之宾也。故文绣的文学之不足为真文学也，与铺缀的文学同。古代文学之所以有不朽之价值者，岂不以无名之

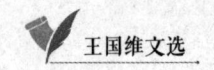

见者存乎？至文学之名起，于是有因之以为名者，而真正文学乃复托于不重于世之文体以自见。逮此体流行之后，则又为虚玄矣。故模仿之文学，是文绣的文学与铺缀的文学之记号也。

四

文学中有二原质焉：曰景，曰情。前者以描写自然及人生之事实为主，后者则吾人对此种事实之精神的态度也。故前者客观的，后者主观的也；前者知识的，后者感情的也。自一方面言之，则必吾人之胸中洞然无物，而后其观物也深，而其体物也切；即客观的知识，实与主观的感情为反比例。自他方面言之，则激烈之情感，亦得为直观之对象、文学之材料；而观物与其描写之也，亦有无限之快乐伴之。要之，文学者，不外知识与感情交代之结果而已。苟无锐敏之知识与深邃之感情者，不足与于文学之事。此其所以但为天才游戏之事业，而不能以他道劝者也。

五

古今之成大事业大学问者，不可不历三种之阶级："昨夜西风凋碧树。独上高楼，望尽天涯路。"（晏同叔《蝶恋花》）此第一阶级也。"衣带渐宽终不悔，为伊消得人憔悴。"（欧阳永叔《蝶恋花》）此第二阶级也。"众里寻他千百度，回头蓦见，那人正在灯火阑珊处。"（辛幼安《青玉案》）此第三阶级也。未有未阅第一第二阶级，而能遽跻第三阶级者。文学亦然。此有文学上之天才者，所以又需莫大之修养也。

六

三代以下之诗人，无过于屈子、渊明、子美、子瞻者。此四子者苟无文学之天才，其人格亦自足千古。故无高尚伟大之人格，而有高尚伟大文学者，殆未之有也。

七

天才者，或数十年而一出，或数百年而一出，而又须济之以学问，帅之以德性，始能产真正之大文学。此屈子、渊明、子美、子瞻等所以旷世而不一遇也。

八

"燕燕于飞，差池其羽。""燕燕于飞，颉之颃之。"

"睍睆黄鸟，载好其音。""昔我往矣，杨柳依依。"

诗人体物之妙，侔于造化，然皆出于离人孽子征夫之口，故知感情真者，其观物亦真。

九

"驾彼四牡，四牡项领。我瞻四方，蹙蹙靡所骋。"以《离骚》《远游》数千言言之而不足者，独以十七字尽之，岂不诡哉！然以讥屈子之文胜，则亦非知言者也。

十

屈子感自己之感，言自己之言者也。宋玉、景差感屈子之所感，而言其所言；然亲见屈子之境遇，与屈子之人格，故其所言，亦殆与自己之言无异。贾谊、刘向其遇略与屈子同，而才则逊矣。王叔师以下，但袭其貌而无其情以济之。此后人之所以不复为楚人之词者也。

十一

屈子之后，文学上之雄者，渊明其尤也。韦、柳之视渊明，其如贾、刘之视屈子乎！彼感他人之所感，而言他人之所言，宜其不如李、杜也。

十二

宋以后之能感自己之感，言自己之言者，其惟东坡乎！山谷可谓能言其言矣，未可谓能感所感也。遗山以下亦然。若国朝之新城，岂徒言一人之言而已哉？所谓"莺偷百鸟声"者也。

十三

诗至唐中叶以后，殆为羔雁之具矣。故五季、北宋之诗，除一二大家外，无可观者。而词则独为其全盛时代。其诗词兼擅如永叔、少游者，皆诗不如词远甚。以其写之于诗者，不若写之于词者之真也。至南宋以后，词亦为羔雁之具，而词亦替矣（除稼轩一人外）。观此足以知文学盛衰之故矣。

十四

上之所论，皆就抒情的文学言之（《离骚》诗词皆是）。至叙事的文学（谓叙事诗、史诗、戏曲等，非谓散文也）。则我国尚在幼稚之时代。元人杂剧，辞则美矣，然不知描写人格为何事。至国朝之《桃花扇》，则有人格矣，然他戏曲则殊不称是。要之，不过稍有系统之词，而并失词之性质者也。以东方古文学之国，而最高之文学无一足以与西欧匹者，此则后此文学家之责矣。

十五

抒情之诗，不待专门之诗人而后能之也。若夫叙事，则其所需之时日长，而其所取之材料富，非天才而又有暇日者不能。此诗家之数之所以不可更仆数，而叙事文学家殆不能及百分之一也。

十六

《三国演义》无纯文学之资格，然其叙关壮缪之释曹操，则非大文学家不办。《水浒传》之写鲁智深，《桃花扇》之写柳敬亭、苏昆生，彼其所为，固毫无意义。然以其不顾一己之利害，故犹使吾人生无限之兴味，发无限之尊敬，况于观壮缪之矫矫者乎？若此者，岂真如汗德所云，实践理性为宇宙人生之根本欤？抑与现在利己之世界相比较，而益使吾人兴无涯之感也？则选择戏曲、小说之题目者，亦可以知所去取矣。

十七

吾人谓戏曲、小说家为专门之诗人，非谓其以文学为职业也。以文学为职业，馎饳的文学也。职业的文学家，以文学为生活；专门之文学家，为文学而生活。今馎饳的文学之途，盖已开矣。吾宁闻征夫思妇之声，而不屑使此等文学嚣然污吾耳也。

人间词话

一

词以境界为最上。有境界则自成高格，自有名句。五代、北宋之词所以独绝者在此。

二

有造境，有写境，此理想与写实二派之所由分。然二者颇难分别。因大诗人所造之境，必合乎自然，所写之境，亦必邻于理想故也。

三

有有我之境，有无我之境。"泪眼问花花不语，乱红飞过秋千去""可堪孤馆闭春寒，杜鹃声里斜阳暮"，有我之境也。"采菊东篱下，悠然见南山""寒波澹澹起，白鸟悠悠下"，无我之境也。有我之境，以我观物，故物皆著我之色彩。无我之境，以物观物，故不知何者为我，何者为物。古人为词，写有我之境者为多，然未始不能写无我之境，此在豪杰之士能自树立耳。

四

无我之境，人惟于静中得之。有我之境，于由动之静时得之。故一优美，一宏壮也。

五

自然中之物，互相关系，互相限制。然其写之于文学及美术中也，必遗其关系、限制之处。故虽写实家，亦理想家也。又虽如何虚构之境，其材料必求之于自然，而其构造，亦必从自然之法则。故虽理想家，亦写实家也。

六

境非独谓景物也。喜怒哀乐，亦人心中之一境界。故能写真景物、真感情者，谓之有境界，否则谓之无境界。

七

"红杏枝头春意闹"，著一"闹"字，而境界全出。"云破月来花弄影"，著一"弄"字，而境界全出矣。

八

境界有大小，不以是而分优劣。"细雨鱼儿出，微风燕子斜"，何遽不若"落日照大旗，马鸣风萧萧"；"宝帘闲挂小银钩"，何遽不若"雾失楼台，月迷津渡"也。

九

严沧浪《诗话》谓："盛唐诸公，惟在兴趣。羚羊挂角，无迹可求。故其妙处，透彻玲珑，不可凑拍。如空中之音、相中之色、水中之影、镜中之象，言有尽而意无穷。"余谓北宋以前之词，亦复如是。然沧浪所谓"兴趣"，阮亭所谓"神韵"，犹不过道其面目，不若鄙人拈出"境界"二字，为探其本也。

十

太白纯以气象胜。"西风残照，汉家陵阙"，寥寥八字，遂关千古登临之口。后世唯范文正之《渔家傲》、夏英公之《喜迁莺》，差足继武，然气象已不逮矣。

十一

张皋文谓：飞卿之词"深美闳约"。余谓：此四字，唯冯正中足以当之。刘融斋谓飞卿"精艳绝人",差近之耳。

十二

"画屏金鹧鸪",飞卿语也,其词品似之。"弦上黄莺语",端己语也,其词品亦似之。正中词品,若欲于其词句中求之,则"和泪试严妆",殆近之欤?

十三

南唐中主词:"菡萏香销翠叶残,西风愁起绿波间。"大有"众芳芜秽""美人迟暮"之感。乃古今独赏其"细雨梦回鸡塞远,小楼吹彻玉笙寒",故知解人正不易得。

十四

温飞卿之词,句秀也。韦端己之词,骨秀也。李重光之词,神秀也。

十五

词至李后主而眼界始大,感慨遂深,遂变伶工之词而为士大夫之词。周介存置诸温、韦之下,可谓颠倒黑白矣。"自是人生长恨水长东""流水落花春去也,天上人间",《金荃》《浣花》能有此气象耶?

十六

词人者,不失其赤子之心者也。故生于深宫之中,长于妇人之手,是后主为人君所短处,亦即为词人所长处。

十七

客观之诗人,不可不多阅世。阅世愈深,则材料愈丰富,愈变化,《水浒传》《红楼梦》之作者是也。主观之诗人,不必多阅世。阅世愈浅,则性情愈真,李后主是也。

十八

尼采谓："一切文学，余爱以血书者。"后主之词，真所谓以血书者也。宋道君皇帝《燕山亭》词亦略似之。然道君不过自道身世之戚，后主则俨有释迦、基督担荷人类罪恶之意，其大小固不同矣。

十九

冯正中词虽不失五代风格，而堂庑特大，开北宋一代风气。与中、后二主词皆在《花间》范围之外，宜《花间集》中不登其只字也。

二十

正中词除《鹊踏枝》《菩萨蛮》十数阕最煊赫外，如《醉花间》之"高树鹊衔巢，斜月明寒草"，余谓韦苏州之"流萤渡高阁"、孟襄阳之"疏雨滴梧桐"，不能过也。

二十一

欧九《浣溪沙》词"绿杨楼外出秋千"，晁补之谓：只一"出"字，便后人所不能道。余谓：此本于正中《上行杯》词"柳外秋千出画墙"，但欧语尤工耳。

二十二

梅圣俞《苏幕遮》词："落尽梨花春又了。满地残阳，翠色和烟老。"刘融斋谓：少游一生似专学此种。余谓：冯正中《玉楼春》词"芳菲次第长相续，自是情多无处足。尊前百计得春归，莫为伤春眉黛促"，永叔一生似专学此种。

二十三

人知和靖《点绛唇》、圣俞《苏幕遮》、永叔《少年游》三阕为咏春草绝调。不知先有正中"细雨湿流光"五字，皆能摄春草之魂者也。

二十四

《诗·蒹葭》一篇，最得风人深致。晏同叔之"昨夜西风凋碧树。独上高楼，望尽天涯路"，意颇近之。但一洒落，一悲壮耳。

二十五

"我瞻四方，蹙蹙靡所骋"，诗人之忧生也，"昨夜西风凋碧树。独上高楼，望尽天涯路"似之。"终日驰车走，不见所问津"，诗人之忧世也，"百草千花寒食路，香车系在谁家树"似之。

二十六

古今之成大事业、大学问者，必经过三种之境界："昨夜西风凋碧树。独上高楼，望尽天涯路"，此第一境也；"衣带渐宽终不悔，为伊消得人憔悴"，此第二境也；"众里寻他千百度，回头蓦见，那人正在，灯火阑珊处"，此第三境也。此等语皆非大词人不能道。然遽以此意解释诸词，恐为晏、欧诸公所不许也。

二十七

永叔"人间自是有情痴，此恨不关风与月""直须看尽洛城花，始共东风容易别"，于豪放之中有沉着之致，所以尤高。

二十八

冯梦华《宋六十一家词选·序例》谓："淮海、小山，古之伤心人也。其淡语皆有味，浅语皆有致。"余谓：此唯淮海足以当之。小山矜贵有余，但可方驾子野、方回，未足抗衡淮海也。

二十九

少游词境，最为凄婉。至"可堪孤馆闭春寒，杜鹃声里斜阳暮"，则变而凄厉矣。东坡赏其后二语，犹为皮相。

三十

"风雨如晦,鸡鸣不已""山峻高以蔽日兮,下幽晦以多雨。霰雪纷其无垠兮,云霏霏而承宇""树树皆秋色,山山唯落晖""可堪孤馆闭春寒,杜鹃声里斜阳暮",气象皆相似。

三十一

昭明太子称陶渊明诗:"跌宕昭彰,独超众类。抑扬爽朗,莫之与京。"王无功称薛收赋:"韵趣高奇,词义晦远。嵯峨萧瑟,真不可言。"词中惜少此二种气象,前者唯东坡,后者惟白石,略得一二耳。

三十二

词之雅郑,在神不在貌。永叔、少游虽作艳语,终有品格。方之美成,便有淑女与倡伎之别。

三十三

美成深远之致不及欧、秦。唯言情体物,穷极工巧,故不失为第一流之作者。但恨创调之才多,创意之才少耳。

三十四

词忌用替代字。美成《解语花》之"桂华流瓦",境界极妙,惜以"桂华"二字代"月"耳。梦窗以下,则用代字更多。其所以然者,非意不足,则语不妙也。盖意足则不暇代,语妙则不必代。此少游之"小楼连苑""绣毂雕鞍"所以为东坡所讥也。

三十五

沈伯时《乐府指迷》云:"说桃不可直说桃,须用'红雨''刘郎'等字。咏柳不可直说破柳,须用'章台''灞岸'等字。"若惟恐人不用代字者。果以是为工,则古今类书具在,又安用词为耶？宜其为《提要》所讥也。

三十六

美成《青玉案》词："叶上初阳干宿雨。水面清圆，一一风荷举。"此真能得荷之神理者。觉白石《念奴娇》《惜红衣》二词，犹有隔雾看花之恨。

三十七

东坡《水龙吟》咏杨花，和韵而似原唱。章质夫词，元唱而似和韵。才之不可强也如是！

三十八

咏物之词，自以东坡《水龙吟》为最工，邦卿《双双燕》次之。白石《暗香》《疏影》格调虽高，然无一语道着，视古人"江边一树垂垂发"等句何如耶？

三十九

白石写景之作，如"二十四桥仍在，波心荡、冷月无声""数峰清苦，商略黄昏雨""高树晚蝉，说西风消息"，虽格韵高绝，然如雾里看花，终隔一层。梅溪、梦窗诸家写景之病，皆在一"隔"字。北宋风流，渡江遂绝。抑真有运会存乎其间耶？

四十

问"隔"与"不隔"之别，曰：陶、谢之诗不隔，延年则稍隔矣。东坡之诗不隔，山谷则稍隔矣。"池塘生春草""空梁落燕泥"等二句，妙处唯在不隔。词亦如是。即以一人一词论，如欧阳公《少年游》咏春草上半阕云"阑干十二独凭春，晴碧远连云。千里万里，二月三月，行色苦愁人"，语语都在目前，便是不隔；至云"谢家池上，江淹浦畔"，则隔矣。白石《翠楼吟》"此地。宜有词仙，拥素云黄鹤，与君游戏。玉梯凝望久，叹芳草、萋萋千里"便是不隔；至"酒祓清愁，花消英气"，则隔矣。然南宋词虽不隔处，比之前人，自有浅深厚薄之别。

四十一

"生年不满百，常怀千岁忧。昼短苦夜长，何不秉烛游""服食求神仙，多为药所误。不如饮美酒，被服纨与素"，写情如此，方为不隔。"采菊东篱下，悠然见南山。山气日夕佳，飞鸟相与还""天似穹庐，笼盖四野。天苍苍，野茫茫，风吹草低见牛羊"，写景如此，方为不隔。

四十二

古今词人格调之高，无如白石。惜不于意境上用力，故觉无言外之味，弦外之响，终不能与于第一流之作者也。

四十三

南宋词人，白石有格而无情，剑南有气而乏韵。其堪与北宋人颉颃者，唯一幼安耳。近人祖南宋而祧北宋，以南宋之词可学，北宋不可学也。学南宋者，不祖白石，则祖梦窗；以白石、梦窗可学，幼安不可学也。学幼安者，率祖其粗犷、滑稽；以其粗犷、滑稽处可学，佳处不可学也。幼安之佳处，在有性情，有境界。即以气象论，亦有"横素波、干青云"之概，宁后世龌龊小生所可拟耶？

四十四

东坡之词旷，稼轩之词豪。无二人之胸襟而学其词，犹东施之效捧心也。

四十五

读东坡、稼轩词，须观其雅量高致，有伯夷、柳下惠之风。白石虽似蝉脱尘埃，然终不免局促辕下。

四十六

苏、辛词中之狂。白石犹不失为狷。若梦窗、梅溪、玉田、草窗、中麓辈，面目不同，同归于乡愿而已。

四十七

稼轩中秋饮酒达旦，用《天问》体作《木兰花慢》以送月曰："可怜今夕月，向何处、去悠悠？是别有人间，那边才见，光景东头。"词人想象，直悟月轮绕地之理，与科学家密合，可谓神悟。

四十八

周介存谓："梅溪词中，喜用'偷'字，足以定其品格。"刘融斋谓："周旨荡而史意贪。"此二语令人解颐。

四十九

介存谓：梦窗词之佳者，如"水光云影，摇荡绿波，抚玩无极，追寻已远"。余览《梦窗甲乙丙丁稿》中，实无足当此者；有之，其"隔江人在雨声中，晚风菰叶生秋怨"二语乎？

五十

梦窗之词，吾得取其词中之一语以评之，曰："映梦窗零乱碧。"玉田之词，余得取其词中之一语以评之，曰："玉老田荒。"

五十一

"明月照积雪""大江流日夜""中天悬明月""长河落日圆"，此种境界，可谓千古壮观。求之于词，唯纳兰容若塞上之作，如《长相思》之"夜深千帐灯"，《如梦令》之"万帐穹庐人醉，星影摇摇欲坠"差近之。

五十二

纳兰容若以自然之眼观物，以自然之舌言情。此由初入中原，未染汉人风气,故能真切如此。北宋以来,一人而已。

五十三

陆放翁跋《花间集》谓:"唐季五代,诗愈卑,而倚声者辄简古可爱。能此不能彼,未可以理推也。"《提要》驳之,谓:"犹能举七十斤者,举百斤则蹶,举五十斤则运掉自如。"其言甚辨。然谓词必易于诗,余未敢信。善乎陈卧子之言曰:"宋人不知诗而强作诗,故终宋之世无诗。然其欢愉愁怨之致,动于中而不能抑者,类发于诗余,故其所造独工。"五代词之所以独胜,亦由此也。

五十四

四言敝而有《楚辞》,《楚辞》敝而有五言,五言敝而有七言,古诗敝而有律绝,律绝敝而有词。盖文体通行既久,染指遂多,自成习套。豪杰之士,亦难于其中自出新意,故遁而作他体,以自解脱。一切文体所以始盛终衰者,皆由于此。故谓文学后不如前,余未敢信。但就一体论,则此说固无以易也。

五十五

诗之三百篇、十九首,词之五代、北宋,皆无题也。非无题也,诗词中之意,不能以题尽之也。自《花庵》《草堂》每调立题,并古人无题之词亦为之作题。如观一幅佳山水,而即曰此某山某河,可乎?诗有题而诗亡,词有题而词亡,然中材之士,鲜能知此而自振拔者矣。

五十六

大家之作,其言情也必沁人心脾,其写景也必豁人耳目。其辞脱口而出,无矫揉妆束之态。以其所见者真,所知者深也。诗词皆然。持此以衡古今之作者,可无大误也。

五十七

人能于诗词中不为美刺、投赠之篇,不使隶事之句,不用粉饰之字,则于此道已过半矣。

五十八

以《长恨歌》之壮采,而所隶之事,只"小玉""双成"四字,才有余也。梅村歌行,则非隶事不办。白、吴优劣,即于此见。不独作诗为然,填词家亦不可不知也。

五十九

近体诗体制,以五、七言绝句为最尊,律诗次之,排律最下。盖此体于寄兴言情,两无所当,殆有韵之骈体文耳。词中小令如绝句,长调似律诗,若长调之《百字令》《沁园春》等,则近于排律矣。

六十

诗人对宇宙人生,须入乎其内,又须出乎其外。入乎其内,故能写之。出乎其外,故能观之。入乎其内,故有生气。出乎其外,故有高致。美成能入而不出。白石以降,于此二事皆未梦见。

六十一

诗人必有轻视外物之意,故能以奴仆命风月。又必有重视外物之意,故能与花鸟共忧乐。

六十二

"昔为倡家女,今为荡子妇。荡子行不归,空床难独守""何不策高足,先据要路津?无为守穷贱,轗轲长苦辛",可谓淫鄙之尤。然无视为淫词、鄙词者,以其真也。五代、北宋之大词人亦然。非无淫词,读之者但觉其亲切动人。非无鄙词,但觉其精力弥满。可知淫词与鄙词之病，非淫与鄙之病，而游词之病也。"岂不尔思，室是远而"，子曰："未之思也，夫何远之有？"恶其游也。

六十三

"枯藤老树昏鸦。小桥流水人家。古道西风瘦马。夕阳西下。断肠人在天涯。"此元人马东篱《天净沙》小令也。寥寥数语，深得唐人绝句妙境。有元一代词家，皆不能办此也。

六十四

白仁甫《秋夜梧桐雨》剧，沈雄悲壮，为元曲冠冕。然所作《天籁词》，粗浅之甚，不足为稼轩奴隶。岂创者易工，而因者难巧欤？抑人各有能有不能也？读者观欧、秦之诗远不如词，足透此中消息。

人间词话（未刊手稿）

一

白石之词，余所最爱者，亦仅二语，曰："淮南皓月冷千山，冥冥归去无人管。"

二

诗至唐中叶以后，殆为羔雁之具矣。故五代、北宋之诗，佳者绝少，而词则为其极盛时代。即诗词兼擅如永叔、少游者，亦词胜于诗远甚。以其写之于诗者，不若写之于词者之真也。至南宋以后，词亦为羔雁之具，而词亦替矣。此亦文学升降之一关键也。

三

曾纯甫中秋应制，作《壶中天慢》词。自注云："是夜西兴亦闻天乐。"谓宫中乐声，闻于隔岸也。毛子晋谓："天神亦不以人废言。"近冯梦华复辨其诬。不解"天乐"两字文义，殊笑人也。

四

梅溪、梦窗、玉田、草窗、西麓诸家，词虽不同，然同失之肤浅。虽时代使然，亦其才分有限也。近人弃周鼎而宝康瓠，实难索解。

五

余填词不喜作长调，尤不喜用人韵，偶而游戏，作《水龙吟》咏杨花，用质夫、东坡倡和韵，作《齐天乐》咏蟋蟀，用白石韵，皆有与晋代兴之意。然余之所长殊不在是，世之君子宁以他词称我。

六

余友沈昕伯纮自巴黎寄余《蝶恋花》一阕云："帘外东风随燕到。春色东来，循我来时道。一霎围场生绿草，归迟却怨春来早。锦绣一城春水绕。庭院笙歌，行乐多年少。著意来开孤客抱，不知名字闲花鸟。"此词当在晏氏父子间，南宋人不能道也。

七

樊抗夫谓余词如《浣溪沙》之"天末同云"，《蝶恋花》之"昨夜梦中""百尺朱楼""春到临春"等阕，凿空而道，开词家未有之境。余自谓：才不若古人，但于力争第一义处，古人亦不如我用意耳。

八

叔本华曰："抒情诗，少年之作也。叙事诗及戏曲，壮年之作也。"余谓：抒情诗，国民幼稚时代之作。叙事诗，国民盛壮时代之作也。故曲则古不如今（元曲诚多天籁，然其思想之陋劣，布置之粗笨，千篇一律，令人喷饭，至本朝之《桃花扇》《长生殿》诸传奇，则进矣），词则今不如古。盖一则以布局为主，一则须伫兴而成故也。

九

北宋名家以方回为最次。其词如历下、新城之诗，非不华赡，惜少真味。

十

散文易学而难工，骈文难学而易工。近体诗易学而难工，古体诗难学而易工。小令易学而难工，长调难学而易工。

十一

古诗云:"谁能思不歌,谁能饥不食?"诗词者,物之不得其平而鸣者也。故"欢愉之辞难工,愁苦之言易巧"。

十二

社会上之习惯,杀许多之善人;文学上之习惯,杀许多之天才。

十三

词之为体,要眇宜修,能言诗之所不能言,而不能尽言诗之所能言。诗之境阔,词之言长。

十四

言气质,言神韵,不如言境界。境界为本也;气质、格律、神韵,末也。有境界,而三者随之矣。

十五

"秋风吹渭水,落日满长安",美成以之入词,白仁甫以之入曲,此借古人之境界为我之境界者也。然非自有境界,古人亦不为我用。

十六

词家多以景寓情。其专作情语而绝妙者,如牛峤之"甘作一生拼,尽君今日欢"、顾琼之"换我心为你心,始知相忆深"、欧阳修之"衣带渐宽终不悔,为伊消得人憔悴"、美成之"许多烦恼,只为当时,一饷留情",此等词古今曾不多见。余《乙稿》中颇于此方面有开拓之功。

十七

长调自以周、柳、苏、辛为最工。美成《浪淘沙慢》二词,精壮顿挫，已开北曲之先声。若屯田之《八声甘州》，玉局之《水调歌头》"中秋寄子由"，则伫兴之作，格高千古，不能以常词论也。

十八

稼轩《贺新郎》词"送茂嘉十二弟"，章法绝妙。且语语有境界，此能品而几于神者。然非有意为之，故后人不能学也。

十九

稼轩《贺新郎》词："柳暗凌波路。送春归猛风暴雨，一番新绿。"又，《定风波》词："从此酒酣明月夜，耳热。""绿""热"二字，皆作上去用。与韩玉《东浦词·贺新郎》以"玉""曲"叶"注""女"，《卜算子》以"夜""谢"叶"食""月"，已开北曲四声通押之祖。

二十

谭复堂《箧中词选》谓："蒋鹿潭《水云楼词》与成容若、项莲生，二百年间，分鼎三足。"然《水云楼词》小令颇有境界，长调惟存气格。《忆云词》亦精实有余，超逸不足，皆不足与容若比。然视皋文、止庵辈，则倜乎远矣。

二十一

贺黄公裳《皱水轩词筌》云："张玉田《乐府指迷》其调叶宫商，铺张藻绘抑亦可矣，至于风流蕴藉之事，真属茫茫，如啖官厨饭者，不知牲宰之外别有甘鲜也。"此语解颐。

二十二

周保绪济《词辨》云："玉田，近人所最尊奉，才情诣力，亦不后诸人，终觉积谷作米、把缆放船，无开阔手段。"又云："叔夏所以不及前人处，只在字句上著功夫，不肯换意。"近人喜学玉田，亦为修饰字句易，换意难。

二十三

词家时代之说，盛于国初。竹垞谓："词至北宋而大，至南宋而深。"后此词人，群奉其说。然其中亦非无具眼者。周保绪曰："南宋下不犯北宋拙率之病，高不到北宋浑涵之诣。"又曰："北宋词多就景叙情，故珠园玉润，四照玲珑。至稼轩、白石，一变而为即事叙景，使深者反浅，曲者反直。"潘四农德舆曰："词滥觞于唐，畅于五代，而意格之闳深曲挚，则莫盛于北宋。词之有北宋，犹诗之有盛唐。至南宋则稍衰矣。"刘融斋熙载曰："北宋词用密亦疏、用隐亦亮、用沈亦快、用细亦阔、用精亦浑。南宋只是掉转过来。"可知此事自有公论。虽止庵词颇浅薄，潘刘尤甚；然其推尊北宋，则与明季云间诸公，同一卓识也。

二十四

唐五代、北宋词，可谓"生香真色"。若云间诸公，则采花耳。湘真且然，况其次也者乎！

二十五

《衍波词》之佳者，颇似贺方回。虽不及容若，要在锡鬯、其年之上。

二十六

近人词如复堂词之深婉，疆村词之隐秀，皆在吾家半塘翁上。疆村学梦窗而情味较梦窗反胜。盖有临川、庐陵之高华，而济以白石之疏越者。学人之词，斯为极则。然古人自然神妙处，尚未梦见。

二十七

宋直方《蝶恋花》"新样罗衣浑弃却，犹寻旧日春衫著"、谭复堂《蝶恋花》"连理枝头侬与汝，千花百草从渠许"，可谓寄兴深微。

二十八

《半塘丁稿》和冯正中《鹊踏枝》十阕，乃《鹜翁词》之最精者。"望远愁多休纵目"等阕，郁伊惝恍，令人不能为怀。《定稿》只存六阕，殊为未允也。

二十九

固哉，皋文之为词也！飞卿《菩萨蛮》、永叔《蝶恋花》、子瞻《卜算子》，皆兴到之作，有何命意？皆被皋文深文罗织。阮亭《花草蒙拾》谓："坡公命宫磨蝎，生前为王珪、舒亶辈所苦，身后又硬受此差排。"由今观之，受差排者，独一坡公已耶？

三十

贺黄公谓："姜论史词，不称其'软语商量'，而称其'柳昏花暝'，固知不免项羽学兵法之恨。"然"柳昏花暝"，自是欧、秦辈以属。吾从白石，不能附和黄公矣。

三十一

"池塘春草谢家春，万古千秋五字新。传语闭门陈正字，可怜无补费精神"，此遗山《论诗绝句》也。梦窗、玉田辈，当不乐闻此语。

三十二

朱子《清邃阁论诗》谓："古人有句，今人诗更无句，只是一直说将去。这般一日作百首也得。"余谓北宋之词有句，南宋以后便无句。如玉田、草窗之词，所谓"一日作百首也得"者也。

三十三

朱子谓："梅圣俞诗不是平淡，乃是枯槁。"余谓草窗、玉田之词亦然。

三十四

"自怜诗酒瘦,难应接许多春色""能几番游,看花又是明年",此等语亦算警句耶?乃值如许费力!

三十五

文文山词,风骨甚高,亦有境界,远在圣与、叔夏、公谨诸公之上。亦如明初诚意伯词,非季迪、孟载诸人所敢望也。

三十六

宋《李希声诗话》云:"古人作诗,正以风调高古为主。虽意远语疏,皆为佳作。后人有切近的当、气格凡下者,终使人可憎。"余谓北宋词亦不妨疏远。若梅溪以降,正所谓"切近的当、气格凡下"者也。

三十七

自竹垞痛贬《草堂诗余》而推《绝妙好词》,后人群附和之。不知《草堂》虽有亵诨之作,然佳词恒得十之六七。《绝妙好词》则除张、范、辛、刘诸家外,十之八九,皆极无聊赖之词。甚矣,人之贵耳贱目者之多也!

三十八

《提要》载《古今词话》六卷,国朝沈雄纂。雄字偶僧,吴江人。是编所述上起于唐,下迄康熙中年。然维见明嘉靖前合口本《笺注草堂诗余》,林外《洞仙歌》下引《古今词话》云:"此词乃近时林外题于吴江垂虹亭。"(明刻《类编草堂诗余》亦同。)案《升庵词品》云:林外字岂尘,有《洞仙歌》,书于垂虹亭畔,作道装,不告姓名,饮醉而去,人疑为吕洞宾。传入宫中,孝宗笑曰:"云崖洞天无锁,'锁'与'老'叶韵,则'锁'音扫,乃闽音也。"侦问之,果闽人林外也。《齐东野语》所载亦略同。则

《古今词话》宋时固有此书，岂雄窃此书而复益以近代事欤？又《季沧苇书目》载《古今词话》十卷，而沈雄所纂只六卷，益证其非一书矣。

三十九

"君王枉把平陈业，换得雷塘数亩田"，政治家之言也。"长陵亦是闲邱陇，异日谁知与仲多"，诗人之言也。政治家之眼，域于一人一事。诗人之眼，则通古今而观之。词人观物，须用诗人之眼，不可用政治家之眼。故感事、怀古等作，当与寿词同为词家所禁也。

四十

宋人小说，多不足信。如《雪舟脞语》谓，台州知府唐仲友眷官妓严蕊奴，朱晦庵系治之。及晦庵移去，提刑岳霖行部至台，蕊乞自便。岳问曰："去将安归？"蕊赋《卜算子》词云"住也如何住"云云。案此词系仲友戚高宣教作，使蕊歌以侑觞者，见朱子《纠唐仲友奏牍》。则《齐东野语》所纪朱、唐公案，恐亦未可信也。

四十一

唐五代之词，有句而无篇。南宋名家之词，有篇而无句。有篇有句，唯李后主降宋后之作，及永叔、子瞻、少游、美成、稼轩数人而已。

四十二

唐五代、北宋之词家，倡优也。南宋后之词家，俗子也。二者其失相等。然词人之词，宁失之倡优，不失之俗子。以俗子之可厌，较倡优为甚故也。

四十三

《蝶恋花》"独倚危楼"一阕，见《六一词》，亦见《乐章集》。余谓：屯田轻薄子，只能道"奶奶兰心蕙性"耳。"衣带渐宽终不悔，为伊消得人憔悴"，此等语固非欧公不能道也。

四十四

读《会真记》者，恶张生之薄倖而恕其奸非。读《水浒传》者，恕宋江之横暴而责其深险。此人人之所同也。故艳词可作，唯万不可作儇薄语。龚定庵诗云："偶赋凌云偶倦飞，偶然闲慕遂初衣。偶逢锦瑟佳人问，便说寻春为汝归。"其人之凉薄无行，跃然纸墨间。余辈读耆卿、伯可词，亦有此感。视永叔、希文小词何如耶？

四十五

词人之忠实，不独对人事宜然。即对一草一木，亦须有忠实之意，否则所谓游词也。

四十六

读《花间》《尊前集》，令人回想徐陵《玉台新咏》。读《草堂诗余》，令人回想韦縠《才调集》。读朱竹垞《词综》，张皋文、董子远《词选》，令人回想沈德潜《三朝诗别裁集》。

四十七

明季国初诸老之论词，大似袁简斋之论诗，其失也，纤小而轻薄。竹垞以降之论词者，大似沈归愚，其失也，枯槁而庸陋。

四十八

东坡之旷在神，白石之旷在貌。白石如王衍口不言阿堵物，而暗中为营三窟之计，此其所以可鄙也。

四十九

"纷吾既有此内美兮，又重之已修能"，文学之事，于此二者不可缺一。然词乃抒情之作，故尤重内美。无内美而但有修能，则白石耳。

五十

诗人视一切外物，皆游戏之材料也。然其游戏，则以热心为之，故诙谐与严重二性质，亦不可缺一也。

《红楼梦》评论

第一章　人生及美术之概观

　　老子曰："人之大患，在我有身。"庄子曰："大块载我以形，劳我以生。"忧患与劳苦之与生，相对待也久矣。夫生者，人人之所欲；忧患与劳苦者，人人之所恶也。然则，讵不人人欲其所恶，而恶其所欲欤？将其所恶者，固不能不欲，而其所欲者，终非可欲之物欤？人有生矣，则思所以奉其生。饥而欲食，渴而欲饮，寒而欲衣，露处而欲宫室，此皆所以维持一人之生活者也。然一人之生，少则数十年，多则百年而止耳。而吾人欲生之心，必以是为不足。于是于数十年百年之生活外，更进而图永远之生活：时则有牝牡之欲，家室之累；进而育子女矣，则有保抱、扶持、饮食、教诲之责，婚嫁之务。百年之间，早作而夕思，穷老而不知所终，问有出于此保存自己及种姓之生活之外者乎？无有也。百年之后，观吾人之成绩，其有逾于此保存自己及种姓之生活之外者乎？无有也。又人人知侵害自己及种姓之生活者之非一端也，于是相集而成一群，相约束而立一国，择其贤且智者以为之君，为之立法律以治之，建学校以教之，为之警察以防内奸，为之陆海军以御外患，使人人各遂其生活之欲而不相侵害，凡此皆欲生之心之所为也。夫人之于生活也，欲之如此其切也，用力如此其勤也，设计如此其周且至也，固亦有其真可欲者存欤？吾人之忧患劳苦，固亦有所以偿之者欤？则吾人不得不就生活之本质，熟思而审考之也。

　　生活之本质何？"欲"而已矣。欲之为性无厌，而其原生于不足。不足之状态，苦痛是也。既偿一欲，则此欲以终。然欲之被偿者一，而不偿者什伯。一欲既终，他欲随之。故究竟之慰藉，终不可得也。即使吾人之欲悉偿，而更无所欲之对象，倦厌之情即起而乘之。于是吾人自己之生活，若负之而不胜其重。故人生者，如钟表之摆，实往复于苦痛与倦厌之间者也，夫倦厌固可视为苦痛之一种。有能除去此二者，吾人谓之曰快乐。然当其求快乐也，吾人于固有之苦痛外，又不得不加以努力，而努力亦苦痛之一也。且快乐之后，其感苦痛也弥深。故苦痛而无回复之快乐者有之矣，未有快乐而不先之或继之以苦痛者也。又此苦痛与世界之文化俱增，而不由之而减。何则？文化愈进，其知识弥广，其所欲弥多，又其感苦痛亦弥甚故也。然则人生之所欲，既无以逾于生活，而生活之性质又不外乎苦痛，故欲与生活与苦痛，三者一而已矣。

吾人生活之性质，既如斯矣，故吾人之知识，遂无往而不与生活之欲相关系，即与吾人之利害相关系。就其实而言之，则知识者，固生于此欲，而示此欲以我与外界之关系，使之趋利而避害者也。常人之知识，止知我与物之关系，易言以明之，止知物之与我相关系者，而于此物中，又不过知其与我相关系之部分而已。及人知渐进，于是始知欲知此物与我之关系，不可不研究此物与彼物之关系。知愈大者，其研究愈远焉，自是而生各种之科学。如欲知空间之一部之与我相关系者，不可不知空间全体之关系，于是几何学兴焉。（按西洋几何学［Geometry］之本义，系量地之意，可知古代视为应用之科学，而不视为纯粹之科学也。）欲知力之一部之与我相关系者，不可不知力之全体关系，于是力学兴焉。吾人既知一物之全体之关系，又知此物与彼物之全体之关系，而立一法则焉，以应用之。于是物之现于吾前者，其与我之关系，及其与他物之关系，粲然陈于目前而无所遁。夫然后吾人得以利用此物，有其利而无其害，以使吾人生活之欲，增进于无穷。此科学之功效也。故科学上之成功，虽若层楼杰观，高严巨丽，然其基址则筑乎生活之欲之上，与政治上之系统立于生活之欲之上无以异。然则吾人理论与实际之二方面，皆此生活之欲之结果也。

由是观之，吾人之知识与实践之二方面，无往而不与生活之欲相关系，即与苦痛相关系。兹有一物焉，使吾人超然于利害之外，而忘物与我之关系。此时也，吾人之心无希望，无恐怖，非复欲之我，而但知之我也。此犹积阴弥月，而旭日杲杲也；犹覆舟大海之中，浮沉上下，而飘著于故乡之海岸也；犹阵云惨淡，而插翅之天使，赍平和之福音而来者也；犹鱼之脱于罾网，鸟之自樊笼出，而游于山林江海也。然物之能使吾人超然于利害之外者，必其物之于吾人无利害之关系而后可；易言以明之，必其物非实物而后可。然则非美术何足以当之乎？夫自然界之物，无不与吾人有利害之关系；纵非直接，亦必间接相关系者也。苟吾人而能忘物与我之关系而观物，则夫自然界之山明水媚，鸟飞花落，固无往而非华胥之国、极乐之土也。岂独自然界而已？人类之言语动作，悲欢啼笑，孰非美之对象乎？然此物既与吾人有利害之关系，而吾人欲强离其关系而观之，自非天才，岂易及此？于是天才者出，以其所观于自然人生中者复现之于美术中，而使中智以下之人，亦因其物之与己无关系，而超然于利害之外。是故观物无方，因人而变：濠上之鱼，庄、惠之所乐也，而渔父袭之以网罟；舞雩之木，孔、曾之所憩也，而樵者继之以斤斧。若物非有形，心无所住，则虽殉财之夫，贵私之子，宁有对曹霸、韩幹之马，而计驰骋之乐，见毕宏、韦偃之松，而思栋梁之用；求好逑于雅典之偶，思税驾于金字之塔者哉？故美术之为物，欲者不观，观者不欲；而艺术之美所以优于自然之美者，全存子使人易忘物我之关系也。

而美之为物有二种：一曰优美，一曰壮美。苟一物焉，与吾人无利害之关系，而吾人之观之也，不观其关系，而但观其物；或吾人之心中，无丝毫生活之欲存，而其观物也，不视为与我有关系之物，而但视为外物，则今之所观者，非昔之所观者也。此时吾心宁静之状态，名之曰优美之情，而谓此物曰优美。若此物大不利于吾人，而吾人生活之意志为之破裂，因之意志遁去，而知力得为独立之作用，以深观其物，吾人谓此物曰壮美，而谓其感情曰壮美之情。普通之美，皆属前种。至于地狱变相之图、决斗垂死之像、庐江小吏之诗、雁门尚书之曲，其人固氓庶之所共怜，其遇虽戾夫为之流涕，讵有子颓乐祸之心，宁无尼父反袂之戚，而吾人观之，不厌千复。格代之诗曰：

What in life doth only grieve us,
That in art we gladly see.
凡人生中足以使人悲者，于美术中则吾人乐而观之。

此之谓也。此即所谓壮美之情。而其快乐存于使人忘物我之关系，则固与优美无以异也。

至美术中之与二者相反者，名之曰眩惑。夫优美与壮美，皆使吾人离生活之欲，而入于纯粹之知识者。若美术中而有眩惑之原质乎，则又使吾人自纯粹之知识出，而复归于生活之欲。如粔籹蜜饵，《招魂》《七发》之所陈；玉体横陈，周昉、仇英之所绘；《西厢记》之《酬柬》、《牡丹亭》之《惊梦》、伶元之传飞燕、杨慎之赝《秘辛》，徒讽一而劝百，欲止沸而益薪。所以子云有"靡靡"之消，法秀有"绮语"之诃。虽则梦幻泡影，可作如是观，而拔舌地狱，专为斯人设者矣。故眩惑之于美，如甘之于辛，火之于水，不相并立者也。吾人欲以眩惑之快乐，医人世之苦痛，是犹欲航断港而至海，入幽谷而求明，岂徒无益，而又增之。则岂不以其不能使人忘生活之欲，及此欲与物之关系，而反鼓舞之也哉！眩惑之与优美及壮美相反对，其故实存于此。

今既述人生与美术之概略如左，吾人且持此标准，以观我国之美术。而美术中以诗歌、戏曲、小说为其顶点，以其目的在描写人生故。吾人于是得一绝大著作，曰《红楼梦》。

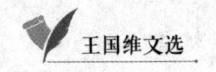

第二章 《红楼梦》之精神

袁伽尔之诗曰：

> Ye wise men, highly, deeply learned,
> Who think it out and know,
> How, when and where do all things pair?
> Why do they kiss and love?
> Ye men of lofty Wisdom, say
> What happened to me then,
> Search out and tell me where, how, when,
> And why it happened thus.

嗟汝哲人，靡所不知，靡所不学，既深且跻。粲粲生物，罔不匹俦，各訾厥唇，而相厥攸。匪汝哲人，孰知其故？自何时始，来自何处？嗟汝哲人，渊渊其知。相彼百昌，奚而熙熙？愿言哲人，诏余其故。自何时始，来自何处？

袁伽尔之问题，人人所有之问题，而人人未解决之大问题也。人有恒言曰："饮食男女，人之大欲存焉。"然人七日不食则死，一日不再食则饥。若男女之欲，则于一人之生活上，宁有害无利者也，而吾人之欲之也如此，何哉？吾人自少壮以后，其过半之光阴，过半之事业，所计画所勤动者为何事？汉之成、哀，曷为而丧其生？殷辛、周幽，曷为而亡其国？励精如唐玄宗，英武如后唐庄宗，曷为而不善其终？且人生苟为数十年之生活计，则其维持此生活，亦易易耳，曷为而其忧劳之度，倍蓰而未有已？记曰："人不婚宦，情欲失半。"人苟能解此问题，则于人生之知识，思过半矣。而蚩蚩者乃日用而不知，岂不可哀也欤！其自哲学上解此问题者,则二千年间,仅有叔本华之《男女之爱之形而上学》耳。诗歌、小说之描写此事者,通古今中西,殆不能悉数,然能解决之者鲜矣。《红楼梦》一书,非徒提出此问题,又解决之者也。彼于开卷即下男女之爱之神话的解释。其叙此书之主人公贾宝玉之来历曰:

> 却说女娲氏炼石补天之时,于大荒山无稽崖,炼成高十二丈、见方二十四丈大的顽石三万六千五百零一块。那娲皇只用了三万六千五百块,单单剩下一块未用,弃在青埂峰下。谁知此石自经锻炼之后,灵性已通,自去自来,可大可小。因见众石俱得补天,独自己无才,不得入选,遂自怨自艾,日夜悲哀。(第一回。)

此可知生活之欲之先人生而存在,而人生不过此欲之发现也。此可知吾人之堕落,由吾人之所欲,而意志自由之罪恶也。夫顽钝者既不幸而为此石矣,又幸而不见用,则何不游于广漠之野、无何有之乡,以自适其适,而必欲入此忧患劳苦之世界,不可谓非此石之大误也。由此一念之误,而遂造出十九年之历史与百二十回之事实,与茫茫大士、渺渺真人何与?又于第百十七回中,述宝玉与和尚之谈论曰:

> "弟子请问师父,可是从太虚幻境而来?"那和尚道:"什么幻境!不过是来处来,去处去罢了。我是送还你的玉来的。我且问你,那玉是从哪里来的?"宝玉一时对答不来。那和尚笑道:"你的来路还不知,便来问我!"宝玉本来颖悟,又经点化,早把红尘看破,只是自己的底里未知,一闻那僧问起玉来,好像当头一棒,便说:"你也不用银子了,我把那玉还你罢。"那僧笑道:"早该还我了!"

所谓"自己的底里未知"者，未知其生活乃自己之一念之误，而此念之所自造也。及一闻和尚之言，始知此不幸之生活，由自己之所欲；而其拒绝之也，亦不得由自己，是以有还玉之言。所谓玉者，不过生活之欲之代表而已矣。故携入红尘者，非彼二人之所为，顽石自己而已；引登彼岸者，亦非二人之力，顽石自己而已。此岂独宝玉一人然哉？人类之堕落与解脱，亦视其意志而已。而此生活之意志，其于永远之生活，比个人之生活为尤切；易言以明之，则男女之欲，尤强于饮食之欲。何则？前者无尽的，后者有限的也；前者形而上的，后者形而下的也。又如上章所说，生活之于苦痛，二者一而非二，而苦痛之度，与主张生活之欲之度为比例。是故前者之苦痛，尤倍蓰于后者之苦痛。而《红楼梦》一书，实示此生活、此苦痛之由于自造，又示其解脱之道不可不由自己求之者也。

而解脱之道，存于出世，而不存于自杀。出世者，拒绝一切生活之欲者也。彼知生活之无所逃于苦痛，而求人于无生之域。当其终也，恒干虽存，固已形如槁木，而心如死灰矣。若生活之欲如故，但不满于现在之生活，而求主张之于异日，则死于此者，固不得不复生于彼，而苦海之流，又将与生活之欲而无穷。故金钏之堕井也，司棋之触墙也，尤三姐、潘又安之自刎也，非解脱也，求偿其欲而不得者也。彼等之所不欲者，其特别之生活，而对生活之为物，则固欲之而不疑也。故此书中真正之解脱，仅贾宝玉、惜春、紫鹃三人耳。而柳湘莲之入道，有似潘又安；芳官之出家，略同于金钏。故苟有生活之欲存乎，则虽出世而无与于解脱；苟无此欲，则自杀亦未始非解脱之一者也。如鸳鸯之死，彼固有不得已之境遇在；不然，则惜春、紫鹃之事，固亦其所优为者也。

而解脱之中，又自有二种之别：一存于观他人之苦痛，一存于觉自己之苦痛。然前者之解脱，唯非常之人为能，其高百倍于后者，而其难亦百倍。但由其成功观之，则二者一也。通常之人，其解脱由于苦痛之阅历，而不由于苦痛之知识。唯非常之人，由非常之知力，而洞观宇宙人生之本质，始知生活与痛苦之不能相离，由是求绝其生活之欲，而得解脱之道。然于解脱之途中，彼之生活之欲，犹时时起而与之相抗，而生种种之幻影。所谓恶魔者，不过此等幻影之人物化而已矣。故通常之解脱，存于自己之苦痛，彼之生活之欲，因不得其满足而愈烈，又因愈烈而愈不得其满足，如此循环而陷于失望之境遇，遂悟宇宙人生之真相，遽而求其息肩之所。彼全变其气质，而超出乎苦乐之外，举昔之所执著者，一旦而舍之。彼以生活为炉、苦痛为炭，而铸其解脱之鼎。彼以疲于生活之欲故，故其生活之欲，不能复起而为之幻影。此通常之人解脱之状态也。前者之解脱，如惜春、紫鹃；后者之解脱，如宝玉。前者之解脱，超自然的也，神明的也；后者之解脱，自然的也，人类的也。前者之解脱，宗教的；后者美术的也。前者平和的也；后者悲感的也，壮美的也，故文学的也，诗歌的也，小说的也。此《红楼梦》之主人公所以非惜春、紫鹃，而为贾宝玉者也。

呜呼，宇宙一生活之欲而已！而此生活之欲之罪过，即以生活之苦痛罚之，此即宇宙之永远的正义也。自犯罪，自加罚，自忏悔，自解脱。美术之务，在描写人生之苦痛与其解脱之道，而使吾侪冯生之徒，于此桎梏之世界中，离此生活之欲之争斗，而得其暂时之平和，此一切美术之目的也。夫欧洲近世之文学中，所以推格代之《法斯德》为第一者，以其描写博士法斯德之苦痛，及其解脱之途径，最为精切故也。若《红楼梦》之写宝玉，又岂有以异于彼乎？彼于缠陷最深之中，而已伏解脱之种子，故听《寄生草》之曲，而悟立足之境；读《胠箧》之篇，而作焚花散麝之想。所以未能者，则以黛玉尚在耳，至黛玉死而其志渐决。然尚屡失于宝钗，几败于五儿，屡蹶屡振，而终获最后之胜利。读者观自九十八回以至百二十回之事实，其解脱之行程，精进之历史，明了真切何如哉！且法斯德之苦痛，天才之苦痛；宝玉之苦痛，人人所有之苦痛也。其存于人之根柢者为独深，而其希救济也为尤切，作者——掇拾而发挥之。我辈之读此书者，宜如何表满足感谢之意哉！而吾人于作者之姓名，尚未有确实之知识，岂徒吾侪寡学之羞，亦足以见二百余年来，吾人之祖先，对此宇宙之大著述，如何冷淡遇之也。谁使此大著述之作者不敢自署其名？此可知此书之精神大背于吾国人之性质，及吾人之沉溺于生活之欲而乏美术之知识，有如此也。然则，予之为此论，亦自知有罪也矣。

第三章 《红楼梦》之美学上之价值

如上章之说，吾国人之精神，世间的也，乐天的也，故代表其精神之戏曲、小说，无往而不著此乐天之色彩：始于悲者终于欢，始于离者终于合，始于困者终于亨；非是而欲厌阅者之心，难矣。若《牡丹亭》之返魂，《长生殿》之重圆，其最著之一例也。《西厢记》之以惊梦终也，未成之作也，此书若成，吾乌知其不为《续西厢》之浅陋也？有《水浒传》矣，曷为而又有《荡寇志》？有《桃花扇》矣，曷为而又有《南桃花扇》？有《红楼梦》矣，彼《红楼复梦》《补红楼梦》《续红楼梦》者，曷为而作也？又曷为而有反对《红楼梦》之《儿女英雄传》？故吾国之文学中，其具厌世解脱之精神者，仅有《桃花扇》与《红楼梦》耳。而《桃花扇》之解脱，非真解脱也。沧桑之变，目击之而身历之，不能自悟，而悟于张道士之一言；且以历数千里，冒不测之险，投缧绁之中，所索之女子，才得一面，而以道士之言，一朝而舍之，自非三尺童子，其谁信之哉？故《桃花扇》之解脱，他律的也；而《红楼梦》之解脱，自律的也。且《桃花扇》之作者，但借侯、李之事，以写故国之戚，而非以描写人生为事。故《桃花扇》，政治的也，国民的也，历史的也；《红楼梦》，哲学的也，宇宙的也，文学的也。此《红楼梦》之所以大背于吾国人之精神，而其价值亦即存乎此。彼《南桃花扇》《红楼复梦》等，正代表吾国人乐天之精神者也。

《红楼梦》一书与一切喜剧相反，彻头彻尾之悲剧也。其大宗旨如上章之所述，读者既知之矣。除主人公不计外，凡此书中之人有与生活之欲相关系者，无不与苦痛相终始，以视宝琴、岫烟、李纹、李绮等，若藐姑射神人，夐乎不可及矣。夫此数人者，曷尝无生活之欲，曷尝无苦痛？而书中既不及写其生活之欲，则其苦痛自不得而写之；足以见二者如骖之靳，而永远的正义，无往不逞其权力也。又吾国之文学，以挟乐天的精神故，故往往说诗歌的正义，善人必令其终，而恶人必罹其罚：此亦吾国戏曲、小说之特质也。《红楼梦》则不然，赵姨、凤姐之死，非鬼神之罚，彼良心自己之苦痛也。若李纨之受封，彼于《红楼梦》十四曲中，固已明说之曰：

〔晚韶华〕镜里恩情，更那堪梦里功名！那韶华去之何迅。再休题绣帐鸳衾；只这戴珠冠，披凤袄，也抵不了无常性命。虽说是人生莫受老来贫，也须要阴骘积儿孙。气昂昂头戴簪缨，光灿灿胸悬金印，威赫赫爵禄高登，昏惨惨黄泉路近。问古来将相可还存？也只是虚名儿与后人钦敬。（第五回。）

此足以知其非诗歌的正义，而既有世界人生以上，无非永远的正义之所统辖也。故曰《红楼梦》一书，彻头彻尾的悲剧也。

由叔本华之说，悲剧之中又有三种之别：第一种之悲剧，由极恶之人，极其所有之能力以交构之者。第二种，由于盲目的运命者。第三种之悲剧，由于剧中之人物之位置及关系而不得不然者；非必有蛇蝎之性质与意外之变故也，但由普通之人物、普通之境遇，逼之不得不如是；彼等明知其害，交施之而交受之，各加以力而各不任其咎。此种悲剧，其感人贤于前二者远甚。何则？彼示人生最大之不幸，非例外之事，而人生之所固有故也。若前二种之悲剧，吾人对蛇蝎之人物与盲目之命运，未尝不悚然战慄；然以其罕见之故，犹幸吾生之可以免，而不必求息肩之地也。但在第三种，则见此非常之势力，足以破坏人生之福祉者，无时而不可坠于吾前；且此等惨酷之行，不但时时可受诸己，而或可以加诸人；躬丁其酷，而无不平之可鸣，此可谓天下之至惨也。若《红楼梦》，则正第三种之悲剧也。兹就宝玉、黛玉之事言之：贾母爱宝钗之婉嫕，而惩黛玉之孤僻，又信金玉之邪说，而思压宝玉之病；王夫人固亲于薛氏；凤姐以持家之故，忌黛玉之才而虞其不便于己也；袭人惩尤二姐、香菱之事，闻黛玉"不是东风压倒西风，就是西风压倒东风"（第八十一回）之语，惧祸之及，而自同于凤姐，亦自然之势也。宝玉之于黛玉，信誓旦旦，而不能言之于最爱之之祖母，则普通之道德使然；况黛玉一女子哉！由此种种原因，而金玉以之合，木石以之离，又岂有蛇蝎之人物、非常之变故，行于其间哉？不过通常之道德，通常之人情，通常之境遇为之而已。由此观之，《红楼梦》者，可谓悲剧中之悲剧也。

由此之故，此书中壮美之部分，较多于优美之部分，而眩惑之原质殆绝焉。作者于开卷即申明之曰：

> 更有一种风月笔墨，其淫秽污臭，最易坏人子弟。至于才子佳人等书，则又开口文君，满篇子建，千部一腔，千人一面，且终不能不涉淫滥。在作者不过欲写出自己两首情诗艳赋来，故假捏出男女二人名姓，又必旁添一小人拨乱其间，如戏中小丑一般。（此又上节所言之一证。）

兹举其最壮美者之一例，即宝玉与黛玉最后之相见一节曰：

> 那黛玉听着傻大姐说宝玉娶宝钗的话，此时心里竟是油儿酱儿糖儿醋儿倒在一处的一般，甜苦酸咸，竟说不上什么味儿来了……自己转身，要回潇湘馆去，那身子竟有千百斤重的，两只脚却像踏着棉花一般，早已软了。只

得一步一步，慢慢的走将下来。走了半天，还没到沁芳桥畔，脚下愈加软了。走的慢，且又迷迷痴痴，信着脚从那边绕过来，更添了两箭地路。这时刚到沁芳桥畔，却又不知不觉的顺着堤往向里走起来。紫鹃取了绢子来，却不见黛玉。正在那里看时，只见黛玉颜色雪白，身子恍恍荡荡的，眼睛也直直的，在那里东转西转……只得赶过来轻轻的问道："姑娘怎么又回去？是要往那里去？"黛玉也只模糊听见，随口答道："我问问宝玉去。"……紫鹃只得搀他进去。那黛玉却又奇怪了，这时不似先前那样软了，也不用紫鹃打帘子，自己掀起帘子进来……见宝玉在那里坐着，也不起来让坐，只瞧着嘻嘻的呆笑。黛玉自己坐下，却也瞧着宝玉笑。两个也不问好，也不说话，也无推让，只管对着脸呆笑起来，忽然听着黛玉说道："宝玉！你为什么病了？"宝玉笑道："我为林姑娘病了。"袭人、紫鹃两个，吓得面目改色，连忙用言语来岔。两个却又不答言，仍旧呆笑起来……紫鹃搀起黛玉，那黛玉也就站起来，瞧着宝玉，只管笑，只管点头儿。紫鹃又催道："姑娘回家去歇歇罢！"黛玉道："可不是，我这就是回去的时候儿了！"说着，便回身笑着出来了。仍旧不用丫头们搀扶，自己却走得比往常飞快。（第九十六回。）

如此之文，此书中随处有之，其动吾人之感情何如？凡稍有审美的嗜好者，无人不经验之也。

《红楼梦》之为悲剧也如此。昔雅里大德勒于《诗论》中，谓悲剧者，所以感发人之情绪而高上之，殊如恐惧与悲悯之二者，为悲剧中固有之物，由此感发，而人之精神于焉洗涤。故其目的，伦理学上之目的也。叔本华置诗歌于美术之顶点，又置悲剧于诗歌之顶点；而于悲剧之中，又特重第三种，以其示人生之真相，又示解脱之不可已故。故美学上最终之目的，与伦理学上最终之目的合。由是，《红楼梦》之美学上之价值，亦与其伦理学上之价值相联络也。

第四章　《红楼梦》之伦理学上之价值

自上章观之，《红楼梦》者，悲剧中之悲剧也。其美学上之价值，即存乎此。然使无伦理学上之价值以继之，则其于美术上之价值，尚未可知也。今使为宝玉者，于黛玉既死之后，或感愤而自杀，或放废以终其身，则虽谓此书一无价值可也。何则？欲达解脱之域者，固不可不尝人世之忧患；然所贵乎忧患者，以其为解脱之手段故，非重忧患自身之价值也。今使人日日居忧患，言忧患，而无希求解脱之勇气，则天国与地狱，彼两失之；其所领之境界，除阴云蔽天，沮洳弥望外，固无所获焉。黄仲则《绮怀》诗曰：

  如此星辰非昨夜，为谁风露立中宵。

又其卒章曰：

  结束铅华归少作，屏除丝竹入中年；茫茫来日愁如海，寄语羲和快着鞭。

其一例也。《红楼梦》则不然，其精神之存于解脱，如前二章所说，兹固不俟喋喋也。

然则解脱者，果足为伦理学上最高之理想否乎？自通常之道德观之，夫人知其不可也。夫宝玉者，固世俗所谓绝父子、弃人伦、不忠不孝之罪人也。然自太虚中有今日之世界，自世界中有今日之人类，乃不得不有普通之道德，以为人类之法则。顺之者安，逆之者危；顺之者存，逆之者亡。于今日之人类中，吾固不能不认普通之道德之价值也。然所以有世界人生者，果有合理的根据欤？抑出于盲目的动作，而别无意义存乎其间欤？使世界人生之存在，而有合理的根据，则人生中所有普通之道德，谓之绝对的道德可也。然吾人从各方而观之，则世界人生之所以存在，实由吾人类之祖先一时之误谬。诗人之所悲歌，哲学者之所冥想，与夫古代诸国民之传说，若出一揆。若第二章所引《红楼梦》第一回之神话的解释，亦于无意识中暗示此理，较之《创世记》所述人类犯罪之历史，尤为有味者也。夫人之有生，既为鼻祖之误谬矣，则夫吾人之同胞，凡为此鼻祖之子孙者，苟有一人焉，未入解脱之域，则鼻祖之罪终无时而赎，而一时之误谬，反覆至数千万年而未有已也。则夫绝弃人伦如宝玉其人者，自普通之道德言之，固无所辞其不忠不孝之罪；若开天眼而观之，则彼固可谓干父之蛊者也。知祖父之误谬，而不忍反覆之以重其罪，顾得谓之不孝哉？然则宝玉"一子出家，七祖升天"之说，诚有见乎所谓孝者在此不在彼，非徒自辩护而已。

然则举世界之人类，而尽入于解脱之域，则所谓宇宙者，不诚无物也欤？然有无之说，盖难言之矣。夫以人生之无常，而知识之不可恃，安知吾人之所谓"有"非所谓真有者乎？则自其反而言之，又安知吾人之所谓"无"非所谓真无者乎？即真无矣，而使吾人自空乏与满足、希望与恐怖之中出，而获永远息肩之所，不犹愈于世之所谓有者乎！然则吾人之畏无也，与小儿之畏暗黑何以异？自己解脱者观之，安知解脱之后，山川之美，日月之华，不有过于今日之世界者乎？读《飞鸟各投林》之曲，所谓"一片白茫茫大地真干净"者，有欤无欤，吾人且勿问，但立乎今日之人生而观之，彼诚有味乎其言之也。

难者又曰：人苟无生，则宇宙间最可宝贵之美术，不亦废欤？曰：美术之价值，对现在之世界人生而起者，非有绝对的价值也。其材料取诸人生，其理想亦视人生之缺陷逼仄，而趋于其反对之方面。如此之美术，唯于如此之世界、如此之人生中，始有价值耳。

今设有人焉，自无始以来，无生死，无苦乐，无人世之罣碍，而唯有永远之知识，则吾人所宝为无上之美术，自彼视之，不过蛙鸣蝉噪而已。何则？美术上之理想，固彼之所自有，而其材料，又彼之所未尝经验故也。又设有人焉，备尝人世之苦痛，而已入于解脱之域，则美术之于彼也，亦无价值。何则？美术之价值，存于使人离生活之欲，而入于纯粹之知识。彼既无生活之欲矣，而复进之以美术，是犹馈壮夫以药石，多见其不知量而已矣。然则超今日之世界人生以外者，于美术之存亡，固自可不必问也。

夫然，故世界之大宗教，如印度之婆罗门教及佛教，希伯来之基督教，皆以解脱为唯一之宗旨。哲学家如古代希腊之柏拉图，近世德意志之叔本华，其最高之理想，亦存于解脱。殊如叔本华之说，由其深邃之知识论、伟大之形而上学出，一扫宗教之神话的面具，而易以名学之论法，其真挚之感情与巧妙之文字，又足以济之，故其说精密确实，非如古代之宗教及哲学说，徒属想像而已。然事不厌其求详，姑以生平可疑者商榷焉。夫由叔氏之哲学说，则一切人类及万物之根本一也。故充叔氏拒绝意志之说，非一切人类及万物各拒绝其生活之意志，则一人之意志，亦不得而拒绝。何则？生活之意志之存于我者，不过其一最小部分，而其大部分之存于一切人类及万物者，皆与我之意志同。而此物我之差别，仅由于吾人知力之形式故，离此知力之形式，而反其根本而观之，则一切人类及万物之意志，皆我之意志也。然则拒绝吾一人之意志，而姝姝自悦曰解脱，是何异决蹄踤之水，而注之沟壑，而曰天下皆得平土而居之哉！佛之言曰："若不尽度众生，誓不成佛。"其言犹若有能之而不欲之意。然自吾人观之，此岂徒能之而不欲哉！将毋欲之而不能也。故如叔本华之言一人之解脱，而未言世界之解脱，实与其意志同一之说，不能两立者也。叔氏于无意识中亦触此疑问，故于其《意志及观念之世界》之第四编之末，力护其说，曰：

人之意志，于男女之欲，其发现也为最著。故完全之贞操，乃拒绝意志即解脱之第一步也。夫自然中之法则，固自最确实者。使人人而行此格言，则人类之灭绝，自可立而待。至人类以降之动物，其解脱与堕落，亦当视人类以为准。《吠陀》之经典曰："一切众生之待圣人，如饥儿之望慈父母也。"基督教中亦有此思想。珊列休斯于其《人持一切物归于上帝》之小诗中曰："嗟汝万物灵，有生皆爱汝。总总环汝旁，如儿索母乳。携之适天国，惟汝力是怙！"德意志之神秘学者马斯太·哀赫德亦云："《约翰福音》云，余之离世界也，将引万物而与我俱。基督岂欺我哉！夫善人，固将持万物而归之于上帝，即其所从出之本者也。今夫一切生物，皆为人而造，又各自相为用；牛羊之于水草，鱼之于水，鸟之于空气，野兽之于林莽皆是也。一切生物皆上帝所造，以供善人之用，而善人携之以归上帝。"彼意盖谓人之所以有用动物之权利者，实以能救济之故也。

于佛教之经典中，亦说明此真理。方佛之尚为菩提萨埵也，自王官逸出而入深林时，彼策其马而歌曰："汝久疲于生死兮，今将息此任载。负余躬以遐举兮，继今日而无再。苟彼岸其余达矣，余将徘徊以汝待！"（《佛国记》）此之谓也。（英译《意志及观念之世界》第一册第四百九十二页。）

然叔氏之说，徒引据经典，非有理论的根据也。试问释迦示寂以后，基督尸十字架以来，人类及万物之欲生奚若？其痛苦又奚若？吾知其不异于昔也。然则所谓持万物而归之上帝者，其尚有所待欤？抑徒沾沾自喜之说，而不能见诸实事者欤？果如后说，则释迦、基督自身之解脱与否，亦尚在不可知之数也。往者作一律曰：

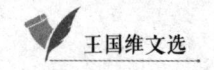

生平颇忆挈卢敖，东过蓬莱浴海涛。
何处云中闻犬吠，至今湖畔尚乌号。
人间地狱真无间，死后泥洹枉自豪。
终古众生无度日，世尊只合老尘嚣。

何则？小宇宙之解脱，视大宇宙之解脱以为准故也。赫尔德曼人类涅槃之说，所以起而补叔氏之缺点者以此。要之，解脱之足以为伦理学上最高之理想与否，实存于解脱之可能与否。若夫普通之论难，则固如楚楚蜉蝣，不足以撼十围之大树也。

今使解脱之事，终不可能，然一切伦理学上之理想，果皆可能也欤？今夫与此无生主义相反者，生生主义也。夫世界有限，而生人无穷；以无穷之人，生有限之世界，必有不得遂其生者矣。世界之内，有一人不得遂其生者，固生生主义之理想之所不许也。故由生生主义之理想，则欲使世界生活之量，达于极大限，则人人生活之度，不得不达于极小限。盖度与量二者，实为一精密之反比例，所谓最大多数之最大福祉者，亦仅归于伦理学者之梦想而已。夫以极大之生活量，而居于极小之生活度，则生活之意志之拒绝也奚若？此生生主义与无生主义相同之点也。苟无此理想，则世界之内，弱之肉，强之食，一任诸天然之法则耳，奚以伦理为哉？然世人日言生生主义，而此理想之达于何时，则尚在不可知之数。要之，理想者可近而不可即，亦终古不过一理想而已矣。人知无生主义之理想之不可能，而自忘其主义之理想之何若，此则大不可解脱者也。

夫如是，则《红楼梦》之以解脱为理想者，果可菲薄也欤？夫以人生忧患之如彼，而劳苦之如此，苟有血气者，未有不渴慕救济者也，不求之于实行，犹将求之于美术。独《红楼梦》者，同时与吾人以二者之救济。人而自绝于救济则已耳；不然，则对此宇宙之大著述，宜如何企踵而欢迎之也！

第五章 余 论

自我朝考证之学盛行，而读小说者，亦以考证之眼读之。于是评《红楼梦》者，纷然索此书之主人公之为谁，此又甚不可解者也。夫美术之所写者，非个人之性质，而人类全体之性质也。惟美术之特质，贵具体而不贵抽象。于是举人类全体之性质，置诸个人之名字之下。譬诸"副墨之子""洛诵之孙"，亦随吾人之所好名之而已。善于观物者，能就个人之事实，而发见人类全体之性质；今对人类之全体，而必规规焉求个人以实之，人之知力相越，岂不远哉！故《红楼梦》之主人公，谓之贾宝玉可，谓之"子虚""乌有"先生可，即谓之纳兰容若，谓之曹雪芹亦无不可也。

综观评此书者之说，约有二种：一谓述他人之事，一谓作者自写其生平也。第一说中，大抵以贾宝玉为即纳兰性德。其说要非无所本。案性德《饮水诗集·别意》六首之三曰：

独拥余香冷不胜，残更数尽思腾腾。今宵便有随风梦，知在红楼第几层？

又《饮水词》中《于中好》一阕云：

别绪如丝睡不成，那堪孤枕梦边城。因听紫塞三更雨，却忆红楼半夜灯。

又《减字木兰花》一阕咏新月云：

莫教星替，守取团圆终必遂。此夜红楼，天上人间一样愁。

"红楼"之字凡三见，而云"梦红楼"者一。又其亡妇忌日作《金缕曲》一阕，其首三句云：

此恨何时已，滴空阶、寒更雨歇，葬花天气。

"葬花"二字，始出于此。然则《饮水集》与《红楼梦》之间，稍有文字之关系，世人以宝玉为即纳兰侍卫者，殆由于此。然诗人与小说家之用语，其偶合者固不少。苟执此例以求《红楼梦》之主人公，吾恐其可以傅合者，断不止容若一人而已。若夫作者之姓名（遍考各书，未见曹雪芹何名）与作书之年月，其为读此书者所当知，似更比主人公之姓名为尤要。顾无一人为之考证者，此则大不可解者也。

至谓《红楼梦》一书，为作者自道其生平者。其说本于此书第一回"竟不如我亲见亲闻的几个女子"一语。信如此说，则唐旦之《天国戏剧》，可谓无独有偶者矣。然所谓亲见亲闻者，亦可自旁观者之口言之，未必躬为剧中之人物。如谓书中种种境界、种种人物，非局中人不能道，则是《水浒传》之作者必为大盗，《三国演义》之作者必为兵家，此又大不然之说也。且此问题，实与美术之渊源之问题相关系。如谓美术上之事，非局中人不能道，则其渊源必全存于经验而后可。夫美术之源，出于先天，抑由于经验，此西洋美学上至大之问题也。叔本华之论此问题也，最为透辟。兹援其说，以结此论。其言（此论本为绘画及雕刻发，然可通之于诗歌、小说）曰：

人类之美之产于自然中者，必由下文解释之，即意志于其客观化之最高级（人类）中，由自己之力与种种之情况，而打胜下级（自然力）之抵抗，以占领其物力。且意志之发现于高等之阶级也，其形式必复杂。即以一树言之，乃无数之细胞，合而成一系统者也。其阶级愈高，其结合愈复。人类之身体，乃最复杂之系统也：各部分各有一特别之生活，其对全体也，则为隶属；其互相对也则为同僚，互相调和以为其全体之说明；不能增也，不能减也。能如此者，则谓之美。此自然中不得多见者也。顾美之于自然中如此，于美术中则何如？或有以美术家为模仿自然者。然彼苟无美之预想存于经验之前，则安从取自然中完全之物而模仿之，又以之与不完全者相区别哉？且自然亦安得时时生一人焉，于其各部分皆完全无缺哉？或又谓美术家必先于人之肢体中，观美丽之各部分，而由之以构成美丽之全体。此又大愚不灵之说也。即令如此，彼又何自知美丽之在此部分而非彼部分哉？故美之知识，断非自经验的得之，即非后天的而常为先天的；即不然，亦必其一部分常为先天的也。吾人观于人类之美后，始认其美；但在真正之美术家，其认识之也，极其明速之度，而其表出之也，胜乎自然之为。此由吾人之自身即意志，而于此所判断及发见者，乃意志于最高级之完全之客观化也。唯如是，吾人斯得有美之预想。而在真正之天才，于美之预想外，更伴以非常之巧力。彼于特别之物中，认全体之理想，遂解自然之嗫嚅之言语而代言之，即以自然所百计而不能产出之美，现之于绘画及雕刻中，而若语自然曰："此即汝之所欲言而不得者也。"苟有判断之能力者，必将应之曰："是。"唯如是，故希腊之天才，能发见人类之美之形式，而永为万世雕刻家之模范。唯如是，故吾人对自然于特别之境遇中所偶然成功者，而得认其美。此美之预想，乃自先天中所知者，即理想的也，比其现于美术也，则为实际的。何则？此与后天中所与之自然物相合故也。如此，美术家先天中有美之预想，而批评家于后天中认识之，此由美术家及批评家，乃自然之自身之一部，而意志于此客观化者也。衮姆攀独克尔曰："同者唯同者知之。"故唯自然能知自然，唯自然能言自然，则美术家有自然之美之预想，固自不足怪也。

芝诺芬述苏格拉底之言曰："希腊人之发见人类之美之理想也，由于经验，即集合种种美丽之部分，而于此发见一膝，于彼发见一臂。"此大谬之说也。不幸而此说蔓延于诗歌中。即以狭斯丕尔言之，谓其戏曲中所描写之种种之人物，乃其一生之经验中所观察者，而极其全力以模写之者也。然诗人由人性之预想而作戏曲小说，与美术家之由美之预想而作绘画及雕刻无以异。唯两者于其创造之途中，必须有经验以为之补助。夫然，故其先天中所已知者，得唤起而入于明晰之意识，而后表出之事，乃可得而能也。（叔氏《意志及观念之世界》第一册第二百八十五页至八十九页。）

由此观之，则谓《红楼梦》中所有种种之人物、种种之境遇，必本于作者之经验，则雕刻与绘画家之写人之美也，必此取一膝、彼取一臂而后可。其是与非，不待知者而决矣。读者苟玩前数章之说，而知《红楼梦》之精神，与其美学、伦理学上之价值，则此种议论，自可不生。苟如美术之大有造于人生，而《红楼梦》自足为我国美术上之唯一大著述，则其作者之姓名与其著书之年月，固当为唯一考证之题目。而我国人之所聚讼者，乃不在此而在彼；此足以见吾国人之对此书之兴味之所在，自在彼而不在此也。故为破其惑如此。

屈子文学之精神

我国春秋以前，道德政治上之思想，可分之为二派：一帝王派，一非帝王派。前者称道尧、舜、禹、汤、文、武，后者则称其学出于上古之隐君子（如庄周所称广成子之类），或托之于上古之帝王。前者近古学派，后者远古学派也。前者贵族派，后者平民派也。前者入世派，后者遁世派（非真遁世派，知其主义之终不能行于世，而遁焉者也）也。前者热情派，后者冷性派也。前者国家派，后者个人派也。前者大成于孔子、墨子，而后者大成于老子。（老子，楚人，在孔子后，与孔子问礼之老聃系二人，说汪见容甫《述学·老子考异》。）故前者北方派，后者南方派也。此二派者，其主义常相反对，而不能相调和。观孔子与接舆、长沮、桀溺、荷蓧丈人之关系，可知之矣。战国后之诸学派，无不直接出于此二派，或出于混合此二派。故虽谓吾国固有之思想，不外此二者，可也。

夫然，故吾国之文学，亦不外发表二种之思想。然南方学派则仅有散文的文学，如老子、庄、列是已。至诗歌的文学，则为北方学派之所专有。《诗》三百篇，大抵表北方学派之思想者也。虽其中如《考槃》《衡门》等篇，略近南方之思想。然北方学者所谓"用之则行，舍之则藏""有道则见，无道则隐"者，亦岂有异于是哉？故此等谓之南北公共之思想则可，必非南方思想之特质也。然则诗歌的文学，所以独出于北方之学派中者，又何故乎？

诗歌者，描写人生者也。（用德国大诗人希尔列尔之定义。）此定义未免太狭。今更广之曰"描写自然及人生"，可乎？然人类之兴味，实先人生，而后自然。故纯粹之模山范水、流连光景之作，自建安以前，殆未之见。而诗歌之题目，皆以描写自己之感情为主。其写景物也，亦必以自己深邃之感情为之素地，而始得于特别之境遇中，用特别之眼观之。故古代之诗，所描写者，特人生之主观的方面；而对于人生之客观的方面，及纯处于客观界之自然，断不能以全力注之也。故对古代之诗，前之定义宁苦其广，而不苦其隘也。

诗之为道，既以描写人生为事，而人生者，非孤立之生活，而在家族、国家及社会中之生活也。北方派之理想，置于当日之社会中；南方派之理想，则树于当日之社会外。易言以明之，北方派之理想，在改作旧社会；南方派之理想，在创造新社会。然改作与创造，皆当日之社会之所不许也。南方之人，以长于思辩，而短于实行，故知实践之不可能，而即于其理想中，求其安慰之地，故有遁世无闷，嚣然自得以没齿者矣。若北方之人，则往往以坚忍之志，强毅之气，恃其改作之理想，以与当日之社会争；而社会之仇视之也，亦与其仇视南方学者无异，或有甚焉。故彼之视社会也，一时以为寇，一时以为亲，如此循环，而遂生欧穆亚（Humour）之人生观。《小雅》中之杰作，皆此种竞争之产物也。且北方之人，不为离世绝俗之举，而日周旋于君臣、父子、夫妇之间，此等在在界以诗歌之题目，与以作诗之动机。此诗歌的文学，所以独产于北方学派中，而无与于南方学派者也。

然南方文学中，又非无诗歌的原质也。南人想象力之伟大丰富，胜于北人远甚。彼等巧于比类，而善于滑稽，故言大则有若北溟之鱼，语小则有若蜗角之国；语久则大椿冥灵，语短则蟪蛄朝菌。至于襄城之野，七圣皆迷；汾水之阳，四子独往；此种想象，决不能于北方文学中发见之。故《庄》《列》书中之某部分，即谓之散文诗，无不可也。夫儿童想象力之活泼，此人人公认之事实也。国民文化发达之初期亦然，古代印度及希腊之壮丽之神话，皆此等想象之产物。以我中国论，则南方之文化发达较后于北方，则南人之富于想象，亦自然之势也。此南方文学中之诗歌的特质之优于北方文学者也。

由此观之，北方人之感情，诗歌的也，以不得想象之助，故其所作遂止于小篇。南方人之想象，亦诗歌的也，以无深邃之感情之后援，故其想象亦散漫而无所丽，是以无纯粹之诗歌。而大诗歌之出，必须俟北方人之感情，与南方之想象合而为一，即必通南北之驿骑而后可，斯即屈子其人也。

屈子南人而学北方之学者也。南方学派之思想，本与当时封建贵族之制度，不能相容。故虽南方之贵族，亦常奉北方之思想焉。观屈子之文，可以征之。其所称之圣王，则有若高辛、尧、舜、禹、汤、少康、武丁、文、武，贤人则有若皋陶、挚、说、彭、咸、（谓彭祖、巫咸，商之贤臣也，与"巫咸将夕降兮"之巫咸，自是二人，列子所谓郑有神巫，名季咸者也。）比干、伯夷、吕望、宁戚、百里、介推、子胥，暴君则有若夏启、羿、浞、桀、纣，皆北方学者之所常称道，而于南方学者所称黄帝、广成等不一及焉。虽《远游》一篇，似专述南方之思想，然此实屈子愤激之词，如孔子之居夷浮海，非其志也。《离骚》之卒章，其旨亦与《远游》同。然卒曰："陟升皇之赫戏兮，忽临睨夫旧乡。仆人悲余马怀兮，蜷局顾而不行。"《九章》中之《怀沙》，乃其绝笔，然犹称重华、汤、禹，足知屈子固彻头彻尾抱北方之思想，虽欲为南方之学者，而终有所不慊者也。

屈子之自赞曰"廉贞"。余谓屈子之性格，此二字尽之矣。其廉固南方学者之所优为，其贞则其所不屑为，亦不能为者也。女嬃之詈，巫咸之占，渔父之歌，皆代表南方学者之思想，然皆不足以动屈子。而知屈子者，唯詹尹一人。盖屈子之于楚，亲则肺腑，尊则大夫，又尝管内政外交上之大事矣，其于国家既同累世之休戚，其于怀王又有一日之知遇，一疏再放而终不能易其志，于是其性格与境遇相待，而使之成一种欧穆亚。《离骚》以下诸作，实此欧穆亚所发表者也。使南方之学者处此，则贾谊（《吊屈原文》）、扬雄（《反离骚》）是而屈子非矣。此屈子之文学，所负于北方学派者。然就屈子文学之形式言之，则所负于南方学派者，抑又不少。彼之丰富之想象力，实与庄、列为近。《天问》《远游》凿空之谈，求女谬悠之语，庄语之不足，而继之以谐，于是思想之游戏，更为自由矣。变《三百篇》之体，而为长句，变短什而为长篇，于是感情之发表，更为婉转矣。此皆古代北方文学之所未有，而其端自屈子开之。然所以驱使想象而成此大文学者，实由其北方之肫挚的性格。此庄周等之所以仅为哲学家，而周、秦间之大诗人，不能不独数屈子也。

　　要之，诗歌者，感情的产物也。虽其中之想象的原质（即知力的原质），亦须有肫挚之感情，为之素地，而后此原质乃显。故诗歌者实北方文学之产物，而非儇薄冷淡之夫所能托也。观后世之诗人，若渊明，若子美，无非受北方学派之影响者。岂独一屈子然哉！岂独一屈子然哉！

古雅之在美学上之位置

"美术者天才之制作也。"此自汗德以来百余年间学者之定论也。然天下之物，有决非真正之美术品，而又决非利用品者。又其制作之人，决非必为天才，而吾人之视之也，若与天才所制作之美术无异者。无以名之，名之曰"古雅"。

欲知古雅之性质，不可不知美之普遍之性质。美之性质，一言以蔽之曰：可爱玩而不可利用者是已。虽物之美者，有时亦足供吾人之利用，但人之视为美时，决不计及其可利用之点。其性质如是，故其价值亦存于美之自身，而不存乎其外。而美学上之区别美也，大率分为二种：曰优美，曰宏壮。自巴克及汗德之书出，学者殆视此为精密之分类矣。至古今学者对优美及宏壮之解释，各由其哲学系统之差别而各不同。要而言之，则前者由一对象之形式不关于吾人之利害，遂使吾人忘利害之念，而以精神之全力沉浸于此对象之形式中。自然及艺术中普通之美，皆此类也。后者则由一对象之形式，越乎吾人知力所能驭之范围，或其形式大不利于吾人，而又觉其非人力所能抗，于是吾人保存自己之本能，遂超乎利害之观念外，而达观其对象之形式。如自然中之高山、大川、烈风、雷雨，艺术中伟大之宫室、悲惨之雕刻象、历史画、戏曲、小说等皆是也。此二者，其可爱玩而不可利用也同，若夫所谓古雅者则何如？

一切之美，皆形式之美也。就美之自身言之，则一切优美皆存于形式之对称变化及调和。至宏壮之对象，汗德虽谓之无形式，然以此种无形式之形式能唤起宏壮之情，故谓之形式之一种，无不可也。就美术之种类言之，则建筑、雕刻、音乐之美之存于形式，固不俟论，即图画、诗歌之美之兼存于材质之意义者，亦以此等材质适于唤起美情故，故亦得视为一种之形式焉。释迦与玛利亚庄严圆满之相，吾人亦得离其材质之意义，而感无限之快乐，生无限之钦仰。戏曲小说之主人翁及其境遇，对文章之方面而言，则为材质；然对吾人之感情言之，则此等材质又为唤起美情之最适之形式。故除吾人之感情外，凡属于美之对象者，皆形式而非材质也。而一切形式之美，又不可无他形式以表之，惟经过此第二之形式，斯美者愈增其美，而吾人之所谓古雅，即此种第二之形式。即形式之无优美与宏壮之属性者，亦因此第二形式故，而得一种独立之价值，故古雅者，可谓之形式之美也。

夫然，故古雅之致存于艺术而不存于自然。以自然但经过第一之形式，而艺术则必就自然中固有之某形式，或所自创造之新形式，而以第二形式表出之。即同一形式也，其表之也各不同。同一曲也，而奏之者各异；同一雕刻绘画也，而真本与摹本大殊；诗歌亦然。"夜阑更秉烛，相对如梦寐"（杜甫《羌村》诗）之于"今宵剩把银釭照，犹恐相逢是梦中"（晏几道《鹧鸪天》词），"愿言思伯，甘心首疾"（《诗经·卫风·伯兮》）之于"衣带渐宽终不悔，为伊消得人憔悴"（欧阳修《蝶恋花》词），其第一形式同。而前者温厚，后者刻露者，其第二形式异也。一切艺术无不皆然，于是有所谓雅俗之区别起。优美与宏壮必与古雅合，然后得其固有之价值。不过优美及宏壮之原质愈显，则古雅之原质愈蔽。然吾人所以感如此之美且壮者，实以表出之之雅故，即以其美之第一形式，更以雅之第二形式表出之故也。

虽第一形式之本不美者，得由其第二形式之美（雅）而得一种独立之价值。茅茨土阶与夫自然中寻常琐屑之景物，以吾人之肉眼观之，举无足与优美若宏壮之数，然一经艺术家（绘画，若诗歌）之手，而遂觉有不可言之趣味。此等趣味，不自第一形式得之，而自第二形式得之，无疑也。绘画中之布置，属于第一形式，而使笔使墨，则属于第二形式。凡以笔墨见赏于吾人者，实赏其第二之形式也。此以低度之美术（如书法等）为尤甚。三代之钟鼎，秦汉之摹印，汉、魏、六朝、唐、宋之碑帖，宋元之书籍等，其美之大部，实存于第二形式。吾人爱石刻不如爱真迹，又其于石刻中爱翻刻不如爱原刻，亦以此也。凡吾人所加于雕刻书画之品评，曰神、曰韵、曰气、曰味，皆就第二形式言之者多，而就第一形式言之者少。文学亦然，古雅之价值大抵存于第二形式。西汉之匡（衡）、刘（向），东京之崔（瑗）、蔡（邕），其文之优美宏壮，远在贾、马、班、张之下，而吾人之嗜之也，亦无逊于彼者，以雅故也。南丰（曾巩）之于文，不必工于苏、王，姜夔之于词，且远逊于欧、秦，而后人亦嗜之者，以雅故也。由是观之，则古雅之原质，为优美及宏壮中不可或缺之原质，且得离优美宏壮而有独立之价值，则固一不可诬之事实也。然古雅之性质，有与优美及宏壮异者。古雅之但存于艺术而不存于自然，即如上文所论矣，至判断古雅之力，亦与判断优美与宏壮之力不同。后者先天的，前者后天的、经验的也。优美及宏壮之判断之为先天的判断，自汗德之《判断力批评》后，殆无反对之者。此等判断既为先天的，故亦普遍的、必然的也。易言以明之，即一艺术家所视为美者，一切艺术家亦必视为美。此汗德所以于其美学中，预想一公共之感官者也。若古雅之判断则不然，由时之不同而人之判断之也各异。吾人所断为古雅者，实由吾人今日之位置断之。古代之遗物无不雅于近世之制作，古代之文学虽至拙劣，自吾人读之，无不古雅者。若自古人之眼观之，殆不然矣。故古雅之判断，后天的也、经验的也。故亦特别的也，偶然的也。此由古代表出第一形式之道与近世大异，故吾人睹其遗迹，不觉有遗世之感随之，然在当日则不能。若优美及宏壮，则固无此时间上之限制也。

　　古雅之性质既不存于自然，而其判断亦但由于经验，于是艺术中古雅之部分，不必尽俟天才，而亦得以人力致之。苟其人格诚高，学问诚博，则虽无艺术上之天才者，其制作亦不失为古雅。而其观艺术也，虽不能喻其优美及宏壮之部分，犹能喻其古雅之部分。若夫优美及宏壮，则非天才殆不能捕攫之而表出之。今古第三流以下之艺术家，大抵能雅而不能美且壮者，职是故也。以绘画论，则有若国朝之王翚，彼固无艺术上之天才，但以用力甚深之故，故摹古则优，而自运则劣，则岂不以其舍其所长之古雅，而欲以优美宏壮与人争胜也哉！以文学论，则除前所述匡、刘诸人外，若宋之山谷，明之青邱、历下，国朝之新城等，其去文学上之天才盖远，徒以有文学上之修养，故其所作遂带一种典雅之性质。而后之无艺术上之天才者，亦以其典雅故，遂与第一流之文学家等类而观之，然其制作之负于天分者十之二三，而负于人力者十之七八，则固不难分析而得之也。又虽真正之天才，其制作非必皆神来兴到之作也。以文学论，则虽最优美最宏壮之文学中，往往书有陪衬之篇，篇有陪衬之章，章有陪衬之句，句有陪衬之字。一切艺术，莫不如是。此等神兴枯涸之处，非以古雅弥缝之不可。而此等古雅之部分，又非藉修养之力不可。若优美与宏壮，则固非修养之所能为力也。

　　然则古雅之价值，遂远出优美及宏壮下乎？曰：不然。可爱玩而不可利用者，一切美术品之公性也。优美与宏壮然，古雅亦然。而以吾人之玩其物也，无关于利用故，遂使吾人超出乎利害之范围外，而惝恍于缥缈宁静之域。优美之形式，使人心和平；古雅之形式，使人心休息，故亦可谓之低度之优美。宏壮之形式常以不可抵抗之势力唤起人钦仰之情，古雅之形式则以不习于世俗之耳目故，而唤起一种之惊讶。惊讶者，钦仰之情之初步，故虽谓古雅为低度之宏壮，亦无不可也。故古雅之位置，可谓在优美与宏壮之间，而兼有此二者之性质也。至论其实践之方面，则以古雅之能力，能由修养而得之，故可为美育普及之津梁。虽中智以下之人，不能创造优美及宏壮之物者，亦得由修养而有古雅之创造力。又虽不能喻优美及宏壮之价值者，亦得于优美宏壮中之古雅之原质，或于古雅之制作物中得其直接之慰藉。故古雅之价值，自美学上观之，诚不能及优美及宏壮，然自其教育众庶之效言之，则虽谓其范围较大、成效较著可也。因美学上尚未有专论古雅者，故略述其性质及位置如上。篇首之疑问，庶得由是而说明之欤。

论 性

　　今吾人对一事物，虽互相反对之议论，皆得持之而有故，言之而成理，则其事物必非吾人所能知者也。"二加二为四"，"二点之间只可引一直线"，无论何人，未有能反对之者也。因果之相嬗，质力之不灭，无论何人，未有能反对之者也。数学及物理学之所以为最确实之知识者，岂不以此矣乎？今《孟子》之言曰："人之性善。"《荀子》之言曰："人之性恶。"二者皆互相反对之说也，然皆持之而有故，言之而成理，然则吾人之于人性固有不可知者在欤？孔子之所以罕言性与命者，固非无故欤？且于人性论中，不但得容反对之说而已，于一人之说中，亦不得不自相矛盾。《孟子》曰："人之性善，在求其放心而已。"然使之放其心者谁欤？《荀子》曰："人之性恶，其善者伪（人为）也。"然所以能伪者何故欤？汗德曰："道德之于人心，无上之命令也。"何以未几而又有根恶之说欤？叔本华曰："吾人之根本，生活之欲也。"然所谓拒绝生活之欲者，又何自来欤？古今东西之论性，未有不自相矛盾者。使性之为物，如数及空间之性质然，吾人之知之也既确，而其言之也无不同，则吾人虽昌言有论人性之权利可也。试问吾人果有此权利否乎？今论人性者之反对矛盾如此，则性之为物，固不能不视为超乎吾人之知识外也。

　　今夫吾人之所可得而知者，一先天的知识，一后天的知识也。先天的知识，如空间时间之形式，及悟性之范畴，此不待经验而生，而经验之所由以成立者，自汗德之知识论出后，今日始为定论矣。后天的知识乃经验上之所教我者，凡一切可以经验之物皆是也。二者之知识皆有确实性，但前者有普遍性及必然性，后者则不然？然其确实则无以异也。今试问性之为物果得从先天中或后天中知之乎？先天中所能知者，知识之形式，而不及于知识之材质，而性固一知识之材质也，若谓于后天中知之，则所知者又非性。何则？吾人经验上所知之性，其受遗传与外部之影响者不少，则其非性之本来面目，固已久矣。故断言之曰：性之为物，超乎吾人之知识外也。

人性之超乎吾人之知识外，既如斯矣，于是欲论人性者，非驰于空想之域，势不得不从经验上推论之。夫经验上之所谓性，固非性之本，然苟执经验上之性以为性，则必先有善恶二元论起焉。何则？善恶之相对立，吾人经验上之事实也，反对之事实，而非相对之事实也。相对之事实，如寒热、厚薄等是。大热曰"热"，小热曰"寒"。大厚曰"厚"，稍厚曰"薄"。善恶则不然。大善曰"善"，小善非"恶"；大恶曰"恶"，小恶亦非"善"。又积极之事实，而非消极之事实也。有光曰"明"，无光曰"暗"。有有曰"有"，无有曰"无"。善恶则不然。有善曰"善"，无善犹"非恶"；有恶曰"恶"，无恶犹"非善"。惟其为反对之事实，故善恶二者，不能由其一说明之，惟其为积极之事实，故不能举其一而遗其他。故从经验上立论，不得不盘旋于善恶二元论之胯下，然吾人之知识，必求其说明之统一，而决不以此善恶二元论为满足也。于是性善论性恶论，及超绝的一元论（即性无善无不善说，及可以为善可以为不善说），接武而起。

夫立于经验之上以言性，虽所论者非真性，然尚不至于矛盾也。至超乎经验之外而求其说明之统一，则虽反对之说，吾人得持其一，然不至自相矛盾不止。何则？超乎经验之外，吾人固有言论之自由，然至欲说明经验上之事实时，则又不得不自圆其说，而复反于二元论。故古今言性者之自相矛盾，必然之理也。今略述古人论性之说，而暴露其矛盾，世之学者可以观焉。

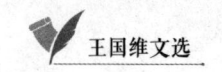

我国之言性者古矣。尧之命舜曰："人心唯危，道心唯微。"仲虺之诰汤曰："唯天生民，有欲无主乃乱，唯天生聪明时乂。"
《汤诰》则云："惟皇上帝，降衷于下民。若有恒性，克绥厥猷唯后。"此二说互相发明，而与霍布士之说若合符节，然人性苟恶而不可以为善，虽聪明之君主，亦无以乂之。而聪明之君主，亦天之所生也，又苟有善之恒性，则岂待君主之绥乂之乎？然则二者非互相豫想，皆不能持其说，且仲虺之于汤，固所谓见而知之者，不应其说之矛盾如此也。二诰之说，不过举其一面而遗其他面耳。嗣是以后，人又有唱一元之论者。诗曰："天生蒸民，有物有则。民之秉彝，好是懿德。"刘康公所谓"民受天地之中以生"者，亦不外《汤诰》之意。至孔子而始唱超绝的一元论，曰："性相近也，习相远也。"又曰："唯上知与下愚不移。"此但从经验上推论之，故以之说明经验上之事实，自无所矛盾也。

告子本孔子之人性论，而曰："生之谓性，性无善无不善也。"又曰："性犹湍水也，决诸东方则东流，决诸西方则西流。"此说虽为孟子所驳，然实孔子之真意。所谓"湍水"者，性相近之说也，"决诸东方则东流，决诸西方则西流"者，习相远之说也。孟子虽攻击之而主性善论，然其说，则有未能贯通者。其山木之喻，曰："牛山之木尝美矣……是岂山之性也哉？虽存乎人者，岂无仁义之心哉！其所以放其良心者，亦犹斧斤之于木也，旦旦而伐之，可以为美乎？其昼夜之所息，平旦之气，其好恶与人相近也者几希，则其旦昼之所为，有梏亡之矣。梏之反覆，则其夜气不足以存……此岂人之情也哉！"然则所谓"旦旦伐之"者何欤？所谓"梏亡之"者何欤？无以名之，名之曰"欲"，故曰"养心莫善于寡欲"。然则所谓"欲"者，何自来欤？若自性出何为而与性相矛盾欤？孟子于是以小体大体说明之曰："耳目之官不思而蔽于物，物交物则引之而已矣。心之官则思，思则得之，不思则不得也，此天之所以与我者。"顾以心为天之所与，则耳目二者，独非天之所与欤？孟子主性善，故不言耳目之欲之出于性，然其意则正如此，故孟子之性论之为二元论，昭然无疑矣。

至荀子反对孟子之说而唱性恶论，曰："礼义法度，是生于圣人之伪，非故生于人之性也。若夫目好色、耳好声、口好味、心好利、骨体肤理好愉佚，是皆生于人之情性者也。感而自然，不待事而后生之者也。夫感而不能然，必且待事而后然者，谓之生于伪，是性伪之所生，其不同之征也。故圣人化性而起伪。"又曰："古者圣人以人之性恶，以为偏险而不正，悖乱而不治，故为之立君上之势以临之，明礼义以化之，起法政以治之，重刑罚以禁之，使天下皆出于治，合于善。此圣王之治，而礼义之化也。今试去君上之势，无礼义之化；去法政之治，无刑罚之禁，倚而观天下人民之相与也。若是，则夫强者害弱而夺之，众者暴寡而哗之，天下之悖乱而相亡，不待顷矣。然则人之性恶明矣，其善者伪也。"（《性恶篇》）吾人且进而评其说之矛盾，其最显著者，区别人与圣人为二是也。且夫圣人独非人也欤哉！常人待圣人出礼义兴，而后出于治，合于善，则夫最初之圣人，即制作礼义者，又安所待欤？彼说礼之所由起，曰："人生而有欲，欲而不得则不能无求，求而无度量分界则争，争则乱，乱则穷。先王恶其乱也，故制礼义以分之，以养人之欲，给人之求，此礼之所由起也。"（《礼论篇》）则所谓礼义者，亦可由欲推演之，然则胡不曰"人恶其乱也，故作礼义以分之"，而必曰"先王"何哉？又其论礼之渊源时，亦含矛盾之说。曰："今人之性，饥而欲饱，寒而欲暖，劳而欲休，此人之情也。今人饥，见长而不敢先食者，将有所让也，劳而不敢求息者，将有所代也。夫子之让乎父，弟之让乎兄，子之代乎父，弟之代乎兄，此二行者，皆反于性而悖于情也。"（《性恶篇》）然又以三年之丧为称情而立文，曰："凡生乎天地之间者，有血气之属，必有知；有知之属，莫不爱其类。今夫大鸟兽，则失亡其群匹，越月逾时，则必反沿，遇故乡则必徘徊焉，鸣号焉，踯躅焉，踟蹰焉，然后能去之也。小者是燕爵,犹有啁噍之顷焉,然后能去之。故有血气之属,莫知于人,故人之于亲也,至死无穷。故曰:说豫娩泽,忧患萃恶,是吉凶忧愉之情之发于颜色者也……"(《礼论篇》)此与《孟子》所谓"孩提之童,无不知爱其亲,及所以告夷之"者何异,非所谓感于自然,不待事而后然者欤?则其非反于性而悖于情明矣。于是荀子性恶之一元论,由自己破灭之。

人性之论,唯盛于儒教之哲学中,至同时之他学派则无之。约而言之,老、庄主性善,故崇自然,申、韩主性恶,故尚刑名。然在此诸派中,并无争论及之者。至汉而《淮南子》奉老子之说,而唱性善论,其言曰:"清净恬愉,人之性也。"(《人间训》)故曰:"乘舟而惑者,不知东西,见斗极则寤矣。夫性,亦人之斗极也。有以自见也,则不失物之情;无以自见也,则动而惑营。"又曰:"人之性无邪,久湛于俗则易,易而忘本,合于若性。故日月欲明,浮云盖之;河水欲清,沙石灭之。人性欲平,嗜欲害之。"(《齐俗训》)于是《淮南子》之性善论与《孟子》同,终破裂而为性欲二元论。

同时董仲舒亦论人性曰:"性之名非生欤?如其生之自然之资之谓性,性者质也。诘性之质于善之名,能中之与?既不能中矣,而尚谓之质善,何哉?故性比于禾,善比于米。米出禾中,而禾未可全为米也;善出性中,而性未可全为善也。善与米,人之所继天而成于外,非在天之所为之内也。"(《春秋繁露·深察名号篇》)其论法全似《荀子》,而其意则与告子同。然董子亦非能久持此超绝的一元论者。夫彼之形而上学,固阴阳二元论也。其言曰:"阳天之德,阴天之刑,阳常居实位,而行于盛;阴常居空虚,而行于末。"(同,《阳尊阴卑篇》)故曰:"天雨有阴阳之施,人雨亦有贪仁之性。"(《深察名号篇》)由此二元论,而一面主性恶之说曰:"民之为言瞑也,弗扶将颠陷猖狂,安能善?"(《深察名号篇》)刘向谓"仲舒作书美荀卿",非无据也。然一面又谓"天覆育万物,既化而生之,有养而成之。察于天之意无穷极之仁也。人之受命于天也,取仁于天而仁也。"(《王道通三篇》)又曰:"阴之行不得于春夏,而月之魄常厌于日光,乍全乍伤,天之禁阴如此,安得不损其欲而辍其情以应天?"(《深察名号篇》)夫人受命于天,取仁于天,捐情辍欲,乃合天道,则又近于性善之说。要之,仲舒之说,欲调和孟荀二家,而不免以苟且灭裂终者也。至扬雄出,遂唱性善恶混之二元论。至唐之中叶,伦理学上后提起人性论之问题。韩愈之《原性》,李翱之《复性书》,皆有名于世。愈区别性与情为二,翱虽谓情由性出,而又以为性善而情恶。其根据薄弱实无足言者。至宋之王安石,复绍述告子之说。其《性情论》曰:"性情一也。七情之未发于外,而存于心者,性也。七情之发于外者,情也。性者,情之本;情者,性之用也。故性情一也。"又曰:"君子之所以为君子者,无非情;小人之所以为小人者,无非情;情而当于理,则圣贤也;不当于理,则小人也。"同时苏轼亦批评韩愈之说,而唱超绝的一元论,又下善之界说。其《扬雄论》曰:"性者,果泊然而无所为耶?则不当复有善恶之说。苟性之有善恶也,则夫所谓情者,乃吾所谓性也。人生而莫不有饥寒之患,牝牡之欲,今告于人曰:饥而食,渴而饮,男女之欲,不出于人之性也,可乎?是天下知其不可也。圣人无是,无由以为圣;而小人无是,无由以为恶。圣人以其喜、怒、哀、惧、爱、恶、欲七者御之,而之乎善,小人以是七者御之而之乎恶。由是观之,善恶者,性之所能之,而非性所能有也。且夫言性又安以其善恶为哉?虽然,扬雄之论,则固已近之,曰:'人之性,善恶混。修其善则为善人,修其恶则为恶人。'此其所以为异者。唯其不知性之不能以有善恶,而以为善恶之皆出于性而已。夫太古之初,本非有善恶之论,唯天下之所同安者,圣人指以为善,而一人之所独乐者,则名以为恶。天下之人,固将即其所乐而行之,孰知圣人唯以其一人之所独乐,不能胜天下之所同安,是以有善恶之辨也。"（《东坡全集》卷四十七）苏、王二子，盖知性之不能赋以善恶之名，故遁而为此超绝的一元论也。

综观以上之人性论，除董仲舒外，皆就性论性，而不涉于形而上学之问题。至宋代哲学兴（苏、王二氏，虽宋人，然于周、张之思想全不相涉），而各由其形而上学以建设人性论。周子之语，最为广漠。且《太极图说》曰："无极而太极。太极动而生阳，动极而静，静则生阴，静极复动。一动一静，互为其根，分阴分阳，两仪立焉。阳变阴合，而生水火木金土；五气顺布，四时行焉。无极之真，二五之精，妙合而凝，乾道成男，坤道成女。二气交感，化生万物，万物生生，而变化无穷焉。唯人也，得其秀而最灵。形既生矣，神发知矣。五性感动，而善恶分，万物出矣。"又曰："诚无为，几善恶。"（《通书·诚几德》章）几者动之微，诚者即前所谓太极也。太极动而后有阴阳，人性动而后有善恶。当其未动时，初无善恶之可言。所谓秀而最灵者，以才言之，而非以善恶言之也。此实超绝的一元论，与苏氏所谓"善恶者，性之所能之，而非性所能有者"无异。然周子又谓："诚者圣人之本，纯粹至善者也。"（《通书·诚》上）然人之本体既善，则其动也何以有善恶之区别乎？周子未尝说明之。故其性善之论，实由其乐天之性质与尊崇道德之念出，而非有名学上必然之根据也。

横渠张子亦由其形而上学而演绎人性论。其言曰："太虚无形，气之本体，其聚其散，变化之客形尔。至静无感，性之渊源，有识有知，物交之客感尔。"（《正蒙·太和篇》）即谓人之性与太虚同体，善恶之名无自而加之。此张子之本意也。又曰："气本之虚，则湛而无形；感而生，则聚而有象。有象斯有对，对必反其为；有反斯有仇，仇必和而解。"（同，《太和篇》）此即海额尔之《辨证法》所谓"由正生反，由反生合"者也。"象"者，海氏之所谓"正"，"对"者"反"也，和解者正反之合也。故曰："太虚为清，清则无碍，无碍故神；反清为浊，浊则碍，碍则形。"（同，《太和篇》）"形而后有气质之性善，反之则天地之性存焉。故气质之性，君子有所不性焉。"（同，《诚明篇》）又曰："湛一气之本，攻取气之欲。"（同上》）由是观之，彼于形而上学，立太虚之一元，而于其发现也，分为形神之二元。善出于神，恶出于形，而形又出于神、合于神，故二者之中，神其本体，而形其客形也。故曰："一物两体气也。一故神，两故化。"（同，《参两篇》）然形既从神出，则气质之性，何以与天地之性相反欤？又气质之性，何以不得谓之性欤？此又张子所不能说明也。

至明道程子之说曰："生生之谓易，此天之所以为道也。天只是以生为道，继此生理者，只是善，便有一个元的意思。元者善之长，万物皆有春意便是。继之者善也，成之者性也。却待他万物自成其性须得。"（《二程全书》卷二）又曰："论性不论气不备，论气不论性不明，二之则不是。"（《二程全书》卷二）由是观之，明道之所谓"性"，兼气而言之。其所谓"善"，乃生生之意，即广义之善，而非孟子所谓"性善"之"善"也。故曰："生之谓性，性即气，气即性，生之谓也。人生气禀，理有善恶，然不是性中元有此两物相对而生。有自幼而恶，有自幼而善，气禀有然也。善固性也，然恶亦不可不谓之性。善生之谓性，人生而静，以上不容说。才说性时，便已不是性也。"（《二程全书》卷二）按明道于此语意未明，盖既以生为性，而性中非有善恶二者相对，则当云"善固出于性也，而恶亦不可谓之出于性"。又当云"人生而静，以上不容说善恶，才说善恶，便不是性"。然明道不敢反对孟子，故为此暧昧之语，然其真意，则正与告子同。然明道他日又混视广义之善与狭义之善，而反覆性善之说。故明道之性论，于宋儒中最为薄弱者也。

至伊川纠正明道之说，分性与气为二，而唱性善论曰："性出于天，才出于气。气清则才清，气浊则才浊。才则有善有不善，性则无不善。"（《近思录·道体类》）又曰："性无不善，而有善有不善者，才也。性即是理，理则自尧、舜至于途人一也。才禀于气，气有清浊，禀其清者为贤，禀其浊者为愚。"（《二程全书》卷十九）盖欲主张性善之说，则气质之性之易趋于恶，此说之一大障碍也。于是非置气于性之外，则不能持其说。故伊川之说，离气而言性，则得持其性善之一元论。若置气于性中，则纯然空间的善恶二元论也。

朱子继伊川之说，而主张理气之二元论。其形而上学之见解曰："天地之间有理有气。理者，形而上之道也，生物之本也。气者，形而下之器也，生物之具也。是以人物之生，必禀此理，然后有性，必禀此气然后有形。"（《学的》上）又曰："天下未有无理之气，亦未有无气之理。"（《语类》一）而此理，伊川已言之曰："离阴阳则无道。阴阳，气也，形而下也。道，太虚也，形而上也。"（《性理会通》卷二十六）但于人性上伊川所目为气者，朱子直谓之性。即性之纯乎理者，谓之天地之性。其杂乎气者，谓之气质之性。而二者又非可离而为二也，故曰："性非气质，则无所寄。气非天性，则无所成。"（《语类》卷四）又曰："论天地之性，则专主理，论气质之性，则以理与气杂而言之。"（《学的》上）而性如水然，气则盛水之器也。故曰："水皆清也，以净器盛之则清，以不净器盛之则臭，以淤泥之器盛之则浊。"（《语类》卷四）故由朱子之说，理无不善，而气则有善有不善。故朱子之性论，与伊川同，不得不谓之二元论也。

朱子又自其理气二元论，而演绎其理欲二元论曰："有个天理，便有个人欲。盖缘这个天理，须有个安顿处。才安顿得不恰好，便有人欲出来。"（《性理会通》卷五十）象山陆子起而驳之曰："天理人欲之分，语极有病。自《礼记》有此言，而后人袭之。《记》曰：'人生而静，天之性也。感于物而动，性之欲也。'若是，则动亦是，静亦是，岂有天理物欲之分；动若不是，则静亦不是，岂有动静之间哉！"（《全集》三十五）又驳人心道心之说曰："心，一也，安得有二心？"（《全集》三十四）此全立于告子之地位，而为超绝的一元论也。然此非象山之真意，象山固绝对的性善论者也。其告学者曰："汝耳自聪，目自明，事父自能孝，事兄自能弟。"（《全集》三十四）故曰："人生皆善；其不善者，迁于物也。"（同，三十二）然试问人之所以迁于物者如何，象山亦归之于气质。曰："气质偏弱，则耳目之官不思而蔽于物。物交物，则引之而已。"（同上）故陆子之意，与伊川同，别气于性，而以性为善。若合性与气而言之，则亦为二元论。阳明王子亦承象山之说而言性善，然以格去物欲为致良知之第一大事业。故古今之持性善论，而不蹈于孟子之矛盾者，殆未之有也。

呜呼！善恶之相对立，吾人经验上之事实也。自生民以来至于今，世界之事变，孰非此善恶二性之争斗乎？政治与道德，宗教与哲学，孰非由此而起乎？故世界之宗教，无不著二神教之色彩。野蛮之神，虽多至不可稽，然不外二种，即有爱而祀之者，有畏而祀之者，即善神与恶神是已。至文明国之宗教，于上帝之外，其不豫想恶魔者殆稀也。在印度之婆罗门教，则造世界之神谓之"梵天（Brahma）"，维持世界者谓之"吠舍那（Aishnu）"，而破坏之者谓之"湿婆（Siva）"。以为今日乃湿婆之治世，梵天与吠舍那之治世已过去矣。其后乃有三位一体之说，此则犹论理学之由二元论而变为超绝的一元论也。迤印度以西，则波斯之火教，立阿尔穆兹（Ormuzd）与阿利曼（Ahriman）之二神。阿尔穆兹，善神也，光明之神也，平和之神也。阿利曼，则主恶与暗黑及争斗，犹太教之耶和华（Jehovah）与撒旦（Satan），实自此出者也。希腊神语中之亚波箩（Apolo）与地哇尼速斯（Dionysus）之关系，亦颇似之。嗣是以后，基督教之理知派，亦承此思想，谓世界万物之形式为神，而其物质则堕落之魔鬼也。暗黑且恶之魔鬼，与光明且善之神相对抗，而各欲加其势力于人，现在之世界，即神与魔鬼之战地也。夫所谓神者，非吾人善性之写象乎？所谓魔鬼者，非吾人恶性之小影乎？他如犹太基督二教之堕落之说，佛教及基督教之忏悔之说，皆示善恶二性之争斗。盖人性苟善，则堕落之说为妄，既恶矣，又安知堕落之为恶乎？善则无事于忏悔，恶而知所以忏悔，则其善端之存在，又不可诬也。夫岂独宗教而已，历史之所纪述，诗人之所悲歌，又孰非此善恶二性之争斗乎？但前者主纪外界之争，后者主述内界之争，过此以往，则吾不知其区别也。吾人之经验上善恶二性之相对立如此，故由经验以推论人性者，虽不知与性果有当与否，然尚不与经验相矛盾，故得而持其说也。超绝的一元论，亦务与经验上之事实相调和，故亦不见有显著之矛盾。至执性善性恶之一元论者，当其就性言性时，以性为吾人不可经验之一物故，故皆得而持其说。然欲以之说明经验，或应用于修身之事业，则矛盾即随之而起。余故表而出之，使后之学者勿徒为此无益之议论也。

论哲学家与美术家之天职

天下有最神圣、最尊贵而无与于当世之用者，哲学与美术是已。天下之人嚣然谓之曰"无用"，无损于哲学、美术之价值也。至为此学者自忘其神圣之位置，而求以合当世之用，于是二者之价值失。夫哲学与美术之所志者，真理也。真理者，天下万世之真理，而非一时之真理也。其有发明此真理（哲学家），或以记号表之（美术）者，天下万世之功绩，而非一时之功绩也。唯其为天下万世之真理，故不能尽与一时一国之利益合，且有时不能相容，此即其神圣之所存也。且夫世之所谓有用者，孰有过于政治家及实业家者乎？

世人喜言功用，吾姑以其功用言之。夫人之所以异于禽兽者，岂不以其有纯粹之知识与微妙之感情哉？至于生活之欲，人与禽兽无以或异。后者政治家及实业家之所供给，前者之慰藉满足非求诸哲学及美术不可。就其所贡献于人之事业言之，其性质之贵贱，固以殊矣。至就其功效之所及言之，则哲学家与美术家之事业，虽千载以下，四海以外，苟其所发明之真理，与其所表之之记号之尚存，则人类之知识感情由此而得其满足慰藉者，曾无以异于昔。而政治家及实业家之事业，其及于五世十世者希矣。此又久暂之别也。然则人而无所贡献于哲学、美术，斯亦已耳，苟为真正之哲学家、美术家，又何慊乎政治家哉。

披我中国之哲学史，凡哲学家无不欲兼为政治家者，斯可异已！孔子大政治家也，墨子大政治家也，孟、荀二子皆抱政治上之大志者也。汉之贾、董，宋之张、程、朱、陆，明之罗、王无不然。岂独哲学家而已，诗人亦然。"自谓颇腾达，立登要路津。致君尧舜上，再使风俗淳。"非杜子美之抱负乎？"胡不上书自荐达，坐令四海如虞唐。"非韩退之之忠告乎？"寂寞已甘千古笑，驰驱犹望两河平。"非陆务观之悲愤乎？如此者，世谓之大诗人矣！至诗人之无此抱负者，与夫小说、戏曲、图画、音乐诸家，皆以侏儒倡优自处，世亦以侏儒倡优畜之。所谓"诗外尚有事在"，"一命为文人，便无足观"，我国人之金科玉律也。呜呼！美术之无独立之价值也久矣。此无怪历代诗人，多托于忠君爱国劝善惩恶之意，以自解免，而纯粹美术上之著述，往往受世之迫害而无人为之昭雪者也。此亦我国哲学美术不发达之一原因也。

夫然，故我国无纯粹之哲学，其最完备者，唯道德哲学，与政治哲学耳。至于周、秦、两宋间之形而上学，不过欲固道德哲学之根柢，其对形而上学非有固有之兴味也。其于形而上学且然，况乎美学、名学、知识论等冷淡不急之问题哉！更转而观诗歌之方面，则咏史、怀古、感事、赠人之题目弥满充塞于诗界，而抒情叙事之作什佰不能得一。其有美术上之价值者，仅其写自然之美之一方面耳。甚至戏曲小说之纯文学亦往往以惩劝为旨，其有纯粹美术上之目的者，世非惟不知贵，且加贬焉。于哲学则如彼，于美术则如此，岂独世人不具眼之罪哉，抑亦哲学家美术家自忘其神圣之位置与独立之价值，而蒑然以听命于众故也。

至我国哲学家及诗人所以多政治上之抱负者，抑又有说。夫势力之欲，人之所生而即具者，圣贤豪杰之所不能免也。而知力愈优者，其势力之欲也愈盛。人之对哲学及美术而有兴味者，必其知力之优者也？故其势力之欲亦准之。今纯粹之哲学与纯粹之美术既不能得势力于我国之思想界矣，则彼等势力之欲，不于政治，将于何求其满足之地乎？且政治上之势力有形的也，及身的也；而哲学美术上之势力，无形的也，身后的也。故非旷世之豪杰，鲜有不为一时之势力所诱惑者矣。虽然，无亦其对哲学美术之趣味有未深，而于其价值有未自觉者乎？今夫人积年月之研究，而一旦豁然悟宇宙人生之真理，或以胸中惝恍不可捉摸之意境一旦表诸文字、绘画、雕刻之上，此固彼天赋之能力之发展，而此时之快乐，决非南面王之所能易者也。且此宇宙人生而尚如故，则其所发明所表示之宇宙人生之真理之势力与价值，必仍如故。之二者，所以酬哲学家、美术家者，固已多矣。若夫忘哲学、美术之神圣，而以为道德、政治之手段者，正使其著作无价值者也。愿今后之哲学美术家，毋忘其天职，而失其独立之位置，则幸矣！

叔本华与尼采

十九世纪中，德意志之哲学界有二大伟人焉：曰叔本华（Schopenhauer），曰尼采（Nietzsche）。二人者，以旷世之文才，鼓吹其学说也同；其说之风靡一世，而毁誉各半也同；就其学说言之，则其以意志为人性之根本也同。然一则以意志之灭绝，为其伦理学上之理想，一则反是；一则由意志同一之假说，而唱绝对之博爱主义，一则唱绝对之个人主义。夫尼采之学说，本自叔本华出，曷为而其终乃反对若是？岂尼采之背师固若是其甚欤？抑叔本华之学说中，自有以启之者欤？自吾人观之，尼采之学说全本于叔氏。其第一期之说，即美术时代之说，其全负于叔氏，固可勿论。第二期之说，亦不过发挥叔氏之直观主义。其末期之说，虽若与叔氏相反对，然要之不外以叔氏之美学上之天才论，应用于伦理学而已。兹比较二人之说，好学之君子以览观焉。

叔本华由锐利之直观与深邃之研究，而证吾人之本质为意志，而其伦理学上之理想，则又在意志之寂灭。然意志之寂灭之可能与否，一不可解之疑问也。（其批评见《红楼梦评论》第四章）。尼采亦以意志为人之本质，而独疑叔氏伦理学之"寂灭说"，谓欲寂灭此意志者，亦一意志也。于是由叔氏之伦理学出而趋于其反对之方向，又幸而于叔氏之伦理学上所不满足者，于其美学中发见其可模仿之点，即其天才论与知力之贵族主义，实可为"超人说"之标本者也。要之，尼采之说，乃彻头彻尾发展其美学上之见解，而应用之于伦理学，犹赫尔德曼之无意识哲学，发展其伦理学之见解者也。

叔氏谓吾人之知识，无不从充足理由之原则者，独美术之知识不然。其言曰：

一切科学，无不从充足理由原则之某形式者。科学之题目，但现象耳，现象之变化及关系耳。今有一物焉，超乎一切变化关系之外，而为现象之内容，无以名之，名之曰"实念"。问此实念之知识为何？曰："美术是已。"夫美术者，实以静观中所得之实念，寓诸一物焉而再现之。由其所寓之物之区别，而或谓之雕刻，或谓之绘画，或谓之诗歌、音乐，然其惟一之渊源，则存于实念之知识，而又以传播此知识为其惟一之目的也。一切科学，皆从充足理由之形式。当其得一结论之理由也，此理由又不可无他物以为之理由，他理由亦然。譬诸混混长流，永无渟潴之日；譬诸旅行者，数周地球，而曾不得见天之有涯、地之有角。美术则不然，固无往而不得其息肩之所也。彼由理由结论之长流中，拾其静观之对象而使之孤立于吾前，而此特别之对象，其在科学中也，则藐然全体之一部耳。而在美术中，则遽而代表其物之种族之全体，空间、时间之形式对此而失其效，关系之法则至此而穷于用，故此时之对象，非个物而但其实念也。吾人于是得下美术之定义曰："美术者，离充足理由之原则，而观物之道也。"此正与由此原则观物者相反对。后者如地平线，前者如垂直线；后者之延长虽无限，而前者得于某点割之；后者合理之方法也，惟应用于生活及科学；前者天才之方法也，惟应用于美术；后者雅里大德勒之方法，前者柏拉图之方法也，后者如终风暴雨，震撼万物，而无始终，无目的；前者如朝日漏于阴云之，金光直射，而不为风雨所摇；后者如瀑布之水，瞬息变易，而不舍昼夜，前者如涧畔之虹，立于鞳鞳澎湃之中，而不改其色彩。（英译《意志及观念之世界》第一百三十八页至一百四十页。）

夫充足理由之原则，吾人知力最普遍之形式也。而天才之观美也，乃不沾沾于此。此说虽本于希尔列尔（Schiller）之"游戏冲动说"，然其为叔氏美学上重要之思想，无可疑也。尼采乃推之于实践上，而以道德律之于超人，与充足理由原则之于天才一也。由叔本华之说，则充足理由之原则非徒无益于天才，其所以为天才者，正在离之而观物耳。由尼采之说，则道德律非徒无益于超人，超道德而行动，超人之特质也。由叔本华之说，最大之知识，在超绝知识之法则。由尼采之说，最大之道德，在超绝道德之法则。天才存于知之无所限制，而超人存于意之无所限制。而限制吾人之知力者，充足理由之原则；限制吾人之意志者，道德律也。于是尼采由知之无限制说，转而唱意之无限制说。其《察拉图斯德拉》第一篇中之首章，述灵魂三变之说曰：

察拉图斯德拉说法于五色牛之村曰：吾为汝等说灵魂之三变。灵魂如何而变为骆驼，又由骆驼而变为狮，由狮而变为赤子乎？于此有重荷焉，强力之骆驼负之而趋，重之又重以至于无可增，彼固以此为荣且乐也。此重物何？此最重之物何？此非使彼卑弱而污其高严之衮冕者乎？此非使彼炫其愚而匿其知者乎？此非使彼拾知识之橡栗而冻饿以殉真理者乎？此非使彼离亲爱之慈母而与聋瞽为侣者乎？世有真理之水，使彼入水而友蛙龟者，非此乎？使彼爱敌而与狞恶之神握手者，非此乎？凡此数者，灵魂苟视其力之所能及，无不负也。如骆驼之行于沙漠，视其力之所能及，无不负也。既而风高日黯，沙飞石走，昔日柔顺之骆驼，变为猛恶之狮子，尽弃其荷，而自为沙漠主，索其敌之大龙而战之。于是昔日之主，今日之敌；昔日之神，今日之魔也。此龙何名？谓之"汝宜"。狮子何名？谓之"我欲"。邦人兄弟，汝等必为狮子，毋为骆驼，岂汝等任载之日尚短，而负担尚未重欤？汝等其破坏旧价值（道德）而创作新价值，狮子乎？言乎破坏则足矣，言乎创作则未也。然使人有创作之自由者，非彼之力欤？汝等胡不为狮子？邦人兄弟，狮子之变为赤子也何故？狮子之所不能为，而赤子能之者何？赤子若狂也，若忘也，万事之源泉也，游戏之状态也，自转之轮也，第一之运动也，神圣之自尊也。邦人兄弟灵魂之为骆驼，骆驼之变而为狮，狮之变而为赤子，余既诏汝矣。（英译《察拉图斯德拉》二十五至二十八页。）

其"赤子"之说，又使吾人回想叔本华之"天才"论曰：

天才者不失其赤子之心者也。盖人生至七年后，知识之机关即脑之质与量已达完全之域，而生殖之机关尚未发达，故赤子能感也，能思也，能教也。其爱知识也，较成人为深，而其受知识也，亦视成人为易。一言以蔽之曰：彼之知力盛于意志而已。即彼之知力之作用，远过于意志之所需要而已。故自某方面观之，凡赤子皆天才也。又凡天才自某点观之，皆赤子也。昔海尔台尔（Herder）谓格代（Goethe）曰："巨孩"。音乐大家穆差德（Mozart）亦终生不脱孩气，休利希台额路尔谓彼曰："彼于音乐，幼而惊其长老，然于一切他事，则壮而常有童心者也。（英译《意志及观念之世界》第三册六十一页至六十三页。）

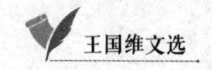

至尼采之说超人与众生之别，君主道德与奴隶道德之别，读者未有不惊其与叔氏伦理学上之平等博爱主义相反对者。然叔氏于其伦理学及形而上学所视为同一意志之发现者，于知识论及美学上，则分之为种种之阶级，故古今之崇拜天才者，殆未有如叔氏之甚者也。彼于其大著述第一书之补遗中，说知力上之贵族主义曰：

知力之拙者，常也；其优者，变也；天才者，神之示现也。不然？则宁有以八百兆之人民，经六千年之岁月，而所待于后人之发明思索者，尚如斯其众耶！夫大智者，固天之所吝，天之所吝，人之幸也。何则？小智于极狭之范围内，测极简之关系，比大智之瞑想宇宙人生者，其事逸而且易。昆虫之在树也，其视盈尺以内，较吾人为精密，而不能见人于五步之外。故通常之知力，仅足以维持实际之生活耳。而对实际之生活，则通常之知力，固亦已胜任而愉快，若以天才处之，是犹用天文镜以观优，非徒无益，而又蔽之。故由知力上言之，人类真贵族的也，阶级的也。此知力之阶级，较贵贱贫富之阶级为尤著。其相似者，则民万而始有诸侯一，民兆而始有天子一，民京垓而始有天才一耳。故有天才者，往往不胜孤寂之感。白衣龙（Byron）于其《唐旦之预言诗》中咏之曰：

"To feel me in the solitude of kings Without the power that make them bear a crown."

予岑寂而无友兮，羌独处乎帝之庭。冠玉冕之崔巍兮，夫固局蹐而不能胜。（略译其大旨。）

此之谓也。（同前书第二册三百四十二页。）

此知力的贵族与平民之区别外，更进而立大人与小人之区别曰：

一切俗子因其知力为意志所束缚，故但适于一身之目的。由此目的出，于是有俗滥之画，冷淡之诗，阿世媚俗之哲学。何则？彼等自己之价值，但存于其一身一家之福祉，而不存于真理故也。惟知力之最高者，其真正之价值，不存于实际，而存于理论，不存于主观，而存于客观，端端焉力索宇宙之真理而再现之。于是彼之价值，超乎个人之外，与人类自然之性质异。如彼者，果非自然的欤？宁超自然的也。而其人之所以大，亦即存乎此。故图画也，诗歌也，思索也，在彼则为目的，而在他人则为手段也。彼牺牲其一生之福祉，以殉其客观上之目的，虽欲少改焉而不能。何则？彼之真正之价值，实在此而不在彼故也。他人反是，故众人皆小，彼独大也。（前书第三册第一百四十九页至一百五十页。）

叔氏之崇拜天才也如是，由是对一切非天才而加以种种之恶谥：曰俗子（Philistine），曰庸夫（Populase），曰庶民（Mob），曰舆台（Rabble），曰合死者（Mortal）。尼采则更进而谓之曰众生（Herd），曰众庶（Far-too-many）。其所以异者，惟叔本华谓知力上之阶级惟由道德联结之，尼采则谓此阶级于知力道德皆绝对的，而不可调和者也。

叔氏以持知力的贵族主义，故于其伦理学上虽奖卑屈（Humility）之行，而于其美学上大非谦逊（Modesty）之德曰：

　　人之观物之浅深明暗之度不一，故诗人之阶级亦不一。当其描写所观也，人人殆自以为握灵蛇之珠，抱荆山之玉矣。何则？彼于大诗人之诗中，不见其所描写者或逾于自己。非大诗人之诗之果然也，彼之肉眼之所及，实止于此，故其观美术也，亦如其观自然，不能越此一步也。惟大诗人见他人之见解之肤浅，而此外尚多描写之余地，始知己能见人之所不能见，而言人之所不能言。故彼之著作不足以悦时人，只以自赏而已。若以谦逊为教，则将并其自赏者而亦夺之乎。然人之有功绩者，不能拼其自知之明。譬诸高八尺者暂而过市，则肩背昂然，齐于众人之首矣。千仞之山，自巅而视其麓也，与自麓而视其巅等。霍兰士（Horace）、鲁克来鸠斯（Lucletius）、屋维特（Ovid）及一切古代之诗人，其自述也，莫不有矜贵之色。唐旦（Dante）然也，狭斯丕尔（Shakespeare）然也，柏庚（Bacon）亦然也。故大人而不自见其大者，殆未之有，惟细人者自顾其一生之空无所有，而聊托于谦逊以自慰，不然则彼惟有蹈海而死耳。某英人尝言曰："功绩（Merit）与谦逊（Modest）除二字之第一字母外，别无公共之点"。格代亦云："惟一无所长者乃谦逊耳。"特如以谦逊教人责人者，则格代之言，尤不我欺也。（同前书第三册二百零二页。）

吾人且述尼采之《小人之德》一篇中之数节以比较之。其言曰：

察拉图斯德拉远游而归，至于国门，则眈焉若狗窦匍匐而后能入。既而览乎民居，粲焉若傀儡之箱，鳞次而栉比，叹曰："夫造物者，宁将以彼为此拘拘也。吾知之矣，使彼等藐焉若此者，非所谓德性之教耶？彼等好谦逊，好节制，何则？彼等乐其平易故也。夫以平易而言，则诚无以逾乎谦逊之德者矣。彼等尝学步矣，然非能步也，暂也。彼且暂且顾，且顾且暂，彼之足与目，不我欺也。彼等之小半能欲也，而其大半被欲也。其小半，本然之动作者也，其大半反是。彼等皆不随意之动作者也，与意识之动作者也，其能为自发之动作者希矣。其丈夫既藐焉若此，于是女子亦皆以男子自处。惟男子之得全其男子者，得使女子之位置复归于女子。其最不幸者，命令之君主，亦不得不从服役之奴隶之道德。"我役、汝役、彼役，"此道德之所命令者也。哀哉！乃使最高之君主，为最高之奴隶乎？哀哉！其仁愈大，其弱愈大；其义愈大，其弱愈大。此道德之根柢，可以一言蔽之曰："毋害一人。"噫！道德乎？卑怯耳！然则彼等所视为道德者，即使彼等谦逊驯扰者也，是使狼为羊，使人为人之最驯之家畜者也。（《察拉图斯德拉》第二百四十八页至二百四十九页。）

尼采之恶谦逊也亦若此，其应用叔氏美学之说于伦理学上昭然可见。夫叔氏由其形而上学之结论，而谓一切无生物，生物与吾人皆同一意志之发现。故其伦理学上之博爱主义，不推而放之于禽兽草木不止，然自知力上观之，不独禽兽与人异焉而已，即天才与众人间，男子与女子间，皆有斠然不可逾之界限。但其与尼采异者，一专以知力言，一推而论之于意志，然其为贵族主义则一也。又叔本华亦力攻基督教曰："今日之基督教，非基督之本意，乃复活之犹太教耳。"其所以与尼采异者，一则攻击其乐天主义，一则并其厌世主义而亦攻之，然其为无神论则一也。叔本华说涅槃，尼采则说转灭。一则欲一灭而不复生，一则以灭为生超人之手段，其说之所归虽不同，然其欲破坏旧文化而创造新文化则一也。况其"超人说"之于"天才说"，又历历有模仿之迹乎。然则吾人之视尼采，与其视为叔氏之反对者，宁视为叔氏之后继者也。

又叔本华与尼采二人之相似，非独学说而已，古今哲学家性行之相似，亦无若彼二人者。巴尔善之《伦理学系统》，与文特尔朋《哲学史》中，其述二人学说与性行之关系，甚有兴味。兹援以比较之。巴尔善曰：

叔本华之学说，与其生活实无一调和之处。彼之学说，在脱屣世界与拒绝一切生活之意志，然其性行则不然。彼之生活，非婆罗门教、佛教之克己的，而宁伊壁鸠鲁之快乐的也。彼自离柏林后，权度一切之利害，而于法兰克福特及曼亨姆之间定其隐居之地。彼虽于学说上深美悲悯之德，然彼自己则无之。古今之攻击学问上之敌者，殆未有酷于彼者也。虽彼之酷于攻击，或得以辩护真理自解乎。然何不观其对母与妹之关系也？彼之母妹，斩焉陷于破产之境遇，而彼独保其自己之财产。彼终其身，惴惴焉惟恐分有他人之损失，及他人之苦痛。要之，彼之性行之冷酷无可讳也，然则彼之人生观，果欺人之语欤？曰："否。"彼虽不实践其理想上之生活，固深知此生活之价值者也。人性之二元中，理欲二者，为反对之两极，而二者以彼之一生为其激战之地。彼自其父遗传忧郁之性质，而其视物也，恒以小为大，以常为奇，方寸之心，充以弥天之欲，忧患、劳苦、损失、疾病迭起互伏，而为其恐怖之对象，其视天下人无一可信赖者。凡此数者，有一于此，固足以疲其生活而有余矣。此彼之生活之一方面也，其在他方面，则彼大知也，天才也，富于直观之力，而饶于知识之乐，视古之思想家，有过之无不及。当此时也，彼远离希望与恐怖，而追求其纯粹之思索，此彼之生活中最慰藉之顷也。逮其情欲再现，则畴昔之平和破，而其生活复以忧患恐惧充之。彼明知其失而无如之何，故彼每曰："知意志之过失，而不能改之，此可疑而不可疑之事实也。"故彼之伦理说，实可谓其罪恶之自白也。（巴尔善《伦理学系统》第三百十一页至三百十二页。）

巴氏之说固自无误，然不悟其学说中于知力之元质外，尚有意志之元质（见下文）。然其叙述叔氏知意之反对甚为有味。吾人更述文特尔朋之论尼采者比较之曰：

> 彼之性质中争斗之二元质，尼采自谓之曰"地哇尼苏斯（Dionysus）"，曰"亚波罗Apollo"。前者主意论，后者主知论也。前者叔本华之意志，后者海额尔之理念也。彼之知力的修养与审美的创造力，皆达最高之程度，彼深观历史与人生，而以诗人之手腕再现之。然其性质之根柢，充以无疆之大欲，故科学与美术不足以拯之，其志则专制之君主也，其身则大学之教授也。于是彼之理想实往复于知力之快乐与意志之势力之间，彼俄焉委其一身于审美的直观与艺术的制作，俄焉而欲展其意志、展其本能、展其情绪，举昔之所珍赏者一朝而舍之。夫由其人格之高尚纯洁观之，则耳目之欲于彼固一无价值也。彼所求之快乐，非知识的，即势力的也。彼之一生疲于二者之争斗，迨其暮年，知识美术道德等一切，非个人及超个人之价值不足以厌彼，彼翻然而欲于实践之生活中，发展其个人之无限之势力。于是此战争之胜利者，非亚波罗而地哇尼苏斯也，非过去之传说而未来之希望也。一言以蔽之：非理性而意志也。（文特尔朋《哲学史》第六百七十九页。）

由此观之，则二人之性行，何其相似之甚欤！其强于意志，相似也；其富知力，相似也；其喜自由，相似也。其所以不相似而相似，相似而又不相似者，何欤？

呜呼！天才者，天之所靳，而人之不幸也。蚩蚩之民，饥而食，渴而饮，老身长子，以遂其生活之欲，斯已耳。彼之苦痛，生活之苦痛而已；彼之快乐，生活之快乐而已。过此以往，虽有大疑大患，不足以撄其心。人之永保此蚩蚩之状态者，固其人之福祉，而天之所独厚者也。若夫天才，彼之所缺陷者与人同，而独能洞见其缺陷之处。彼与蚩蚩者俱生，而独疑其所以生。一言以蔽之：彼之生活也与人同，而其以生活为一问题也与人异；彼之生于世界也与人同，而其以世界为一问题也与人异。然使此等问题，彼自命之，而自解之，则亦何不幸之有。然彼亦一人耳，志驰乎六合之外，而身局乎七尺之内，因果之法则与空间时间之形式束缚其知力于外，无限之动机与民族之道德压迫其意志于内，而彼之知力意志非犹夫人之知力意志也？彼知人之所不能知，而欲人之所不敢欲，然其被束缚压迫也与人同。夫天才之大小，与其知力意志之大小为比例，故苦痛之大小亦与天才之大小为比例。彼之痛苦既深，必求所以慰藉之道，而人世有限之快乐其不足慰藉彼也明矣。于是彼之慰藉，不得不反而求诸自己。其视自己也，如君王，如帝天；其视他人也，如蝼蚁，如粪土。彼故自然之子也，而常欲为其母，又自然之奴隶也，而常欲为其主。举自然所以束缚彼之知意者，毁之、裂之、焚之、弃之、草薙而兽狝之。彼非能行之也，姑妄言之而已；亦非欲言诸人也，聊以自娱而已。何则？以彼知意之如此而苦痛之如彼，其所以自慰藉之道，固不得不出于此也。

　　叔本华与尼采，所谓旷世之天才非欤？二人者，知力之伟大相似，意志之强烈相似。以极强烈之意志，而辅以极伟大之知力，其高掌远跖于精神界，固秦皇、汉武之所北面，而成吉思汗、拿破仑之所望而却走者也。九万里之地球与六千年之文化，举不足以厌其无疆之欲。其在叔本华，则幸而有汗德者为其陈胜、吴广，为其李密、窦建德，以先驱属路。于是于世界现象之方面，则穷汗德之知识论之结论，而曰"世界者，吾之观念也"。于本体之方面，则曰"世界万物,其本体皆与吾人之意志同,而吾人与世界万物,皆同一意志之发见也"。自他方面言之:"世界万物之意志,皆吾之意志也。"于是我所有之世界,自现象之方面而扩于本体之方面,而世界之在我自知力之方面而扩于意志之方面。然彼犹以有今日之世界为不足,更进而求最完全之世界,故其说虽以灭绝意志为归,而于其大著第四篇之末,仍反覆灭不终灭、寂不终寂之说。彼之说"博爱"也,非爱世界也,爱其自己之世界而已。其说"灭绝"也,非真欲灭绝也,不满足于今日之世界而已。由彼之说,岂独如释迦所云"天上地下,惟我独尊而已哉"。必谓"天上地下,惟我独存而后快"。当是时,彼之自视,若担荷大地之阿德拉斯(Atlas)也,孕育宇宙之婆罗麦(Brahma)也。彼之形而上学之需要在此,终身之慰藉在此,故古今之主张意志者,殆未有过于叔氏者也,不过于其美学之天才论中,偶露其真面目之说耳。若夫尼采,以奉实证哲学,故不满于形而上学之空想。而其势力炎炎之欲,失之于彼岸者,欲恢复之于此岸;失之于精神者,欲恢复之于物质。于是叔本华之美学,占领其第一期之思想者,至其暮年,不识不知,而为其伦理学之模范。彼效叔本华之天才而说超人,效叔本华之放弃充足理由之原则而放弃道德,高视阔步而恣其意志之游戏。宇宙之内有知意之优于彼,或足以束缚彼之知意者,彼之所不喜也。故彼二人者,其执无神论同也,其唱意志自由论同也。譬之一树,叔本华之说,其根柢之盘错于地下,而尼采之说,则其枝叶之干青云而直上者也。尼采之说,如太华三峰,高与天际,而叔本华之说,则其山麓之花冈石也:其所趋虽殊,而性质则一。彼等所以为此说者,无他,亦聊以自慰而已。

要之,叔本华之自慰藉之道,不独存于其美学,而亦存于其形而上学。彼于此学中,发见其意志之无乎不在,而不惜以其七尺之我,殉其宇宙之我,故与古代之道德尚无矛盾之处。而其个人主义之失之于枝叶者,于根柢取偿之。何则?以世界之意志,皆彼之意志故也。若推意志同一之说，而谓世界之知力皆彼之知力，则反以俗人知力上之缺点加诸天才，则非彼之光荣，而宁彼之耻辱也，非彼之慰藉，而宁彼之苦痛也。其于知力上所以持贵族主义，而与其伦理学相矛盾者以此。《列子》曰：

> 周之尹氏大治产，其下趣役者侵晨昏而弗息。有老役夫筋力竭矣，而使之弥勤，昼则呻吟而即事，夜则昏惫而熟寐，昔昔梦为国君，居人民之上，总一国之事，游燕宫观，恣意所欲，觉则复役。（《周穆王》篇。）

叔氏之天才之苦痛，其役夫之昼也；美学上之贵族主义，与形而上学之意志同一论，其国君之夜也。尼采则不然。彼有叔本华之天才，而无其形而上学之信仰，昼亦一役夫，夜亦一役夫，醒亦一役夫，梦亦一役夫，于是不得不弛其负担，而图一切价值之颠覆。举叔氏梦中所以自慰者，而欲于昼日实现之，此叔本华之说所以尚不反于普通之道德，而尼采则肆其叛逆而不惮者也。此无他，彼之自慰藉之道，固不得不出于此也。世人多以尼采暮年之说与叔本华相反对者，故特举其相似之点及其所以相似而不相似者如此。

戏曲考源

楚词之作，《沧浪》《凤兮》二歌先之；诗余之兴，齐、梁小乐府先之；独戏曲一体，崛起于金元之间，于是有疑其出自异域，而与前此之文学无关系者，此又不然。尝考其变迁之迹，皆在有宋一代；不过因金元人音乐上之嗜好，而且益发达耳。

戏曲者，谓以歌舞演故事也。古乐府中，如《焦仲卿妻》诗、《木兰辞》、《长恨歌》等，虽咏故事，而不被之歌舞，非戏曲也。《柘枝》《菩萨蛮》之队，虽合歌舞而不演故事，亦非戏曲也。唯汉之角抵，于鱼龙百戏外，兼搬演古人物。张衡《西京赋》曰："东海黄公，赤刀粤祝，冀厌白虎，卒不能救。"又曰："总会仙倡，戏豹舞罴，白虎鼓瑟，苍龙吹篪，女娥坐而长歌，声清畅而蜲蛇；洪崖立而指麾，被羽毛之襳襹。度曲未终，云起雪飞。"则所搬演之人物，且自歌舞。然所演者实仙怪之事，不得云故事也。演故事者，始于唐之《大面》《拨头》《踏摇娘》等戏。代面（即大面），出于北齐。北齐兰陵王长恭，才武而面美，常著假面以对敌。尝击周师金墉城下，勇冠三军，齐人壮之，为此舞，以效其指麾击刺之容，谓之《兰陵王入阵曲》。拨头，出西域。胡人为猛兽所噬，其子求兽杀之，为此舞以象之也。踏摇娘，生于隋末。隋末，河内有人，貌恶，而嗜酒，常自号郎中。醉归必殴其妻。其妻美色善歌，为怨苦之辞。河朔演其曲而被之弦管，因写其妻之容，妻悲诉，每摇顿其身，故号《踏摇娘》。（右见《旧唐书·音乐志》，《乐府杂录》及《教坊记》所载略同。）及昭宗光化中，孙德昭之徒刃刘季述，始作《樊哙排闼》剧。（宋陈旸《乐书》第一百八十六卷。）唐时戏剧可考者仅此。至宋初，搬演较为任意。宋孔道辅奉使契丹，契丹宴使者，优人以文宣王为戏，道辅艴然径出。（《宋史·孔道辅传》。）又祥符、天禧中，杨大年、钱文僖、晏元献、刘子仪以文章立朝，为诗皆宗李义山，后进多窃义山语句。尝内宴，优人有为义山者，衣服败裂，告人曰：吾为诸馆职挦扯至此。闻者欢笑。（刘攽《中山诗话》。）至南宋时，洪迈《夷坚志》，叶绍翁《四朝闻见录》所载优伶调谑之事，尚与此相类。虽搬演古人物，然果有歌词与故事否？若有歌词，果与故事相应否？今不可考。要之，此时尚无金元间所谓戏曲，则固可决也。

杂剧之名，始起于宋。宋制，每春秋圣节三大宴，小儿队、女弟子队，各进杂剧。队舞及杂剧之制，具见《宋史·乐志》及宋孟元老《东京梦华录》。《宋志》谓："舞队之制，其名各十。小儿队凡七十二人，女弟子队凡一百五十三人。"每春秋圣节三大宴：其第一，皇帝升座，宰相进酒，庭中吹觱篥，以众乐和之。赐群臣酒，皆就坐。宰相饮，作《倾杯》，百官饮，作《三台》。第二，皇帝再举酒，群臣立于席后，乐以歌起。第三，皇帝举酒，如第二之制，以次进食。第四，百戏皆作。第五，皇帝举酒，如第二之制。第六，乐工致辞，继以诗一章，谓之口号，皆述德美及中外蹈咏之情。第七，合奏大曲。第八，皇帝举酒，殿上独弹琵琶。第九，小儿队舞，亦致辞以述德美。第十，杂剧罢，皇帝起更衣。第十一，皇帝再坐，举酒，殿上独吹笙。第十二，蹴鞠。第十三，皇帝举酒，殿上独弹筝。第十四，女弟子队舞，亦致辞，如小儿队。第十五，杂剧。第十六，皇帝举酒如第二之制。第十七，奏鼓吹曲，或用法曲，或用龟兹。第十八，皇帝举酒如第二之制。第十九，用角抵。宴毕。《宋史·乐》十七而队舞制度，《东京梦华录》所载尤详。初，参军色作语，勾小儿队舞。小儿各选年十二三者二百余人，列四行；每行队头一名，四人簇拥，并小隐士帽，著绯、绿、紫、青生色花衫，上领四契义襕束带，各执花枝排定。先有四人裹卷脚帕头、紫衫者，擎一彩殿子，内金贴字牌，擂鼓而进，谓之队名。牌上有一联，谓如"九韶翔彩凤，八佾舞青鸾"之句。乐部举乐，小儿队舞步进前，直叩殿陛。参军色作语问，小儿班首近前进口号。杂剧人皆打和，毕。乐作，群舞合唱。且舞且唱。又唱破子毕，小儿班首入，进致语；句杂剧入场，一场两段。内殿杂戏，为有使人在座，不敢深作谐谑，惟用群队装其似像，市语谓之拽串。杂剧毕，参军色作语，放小儿队。又群舞《应天长》曲子出场。女弟子队舞，杂剧与小儿略同，唯节次稍多，此徽宗圣节典礼也。若宴辽使，其典礼与三大宴同，惟无后场杂剧，及女弟子队舞。辽宴宋史，则酒一行，觱篥起，歌。酒二行，歌。酒三行，歌，手伎入。酒四行，琵琶独弹。饼茶，致语，食入，杂剧进。（《辽史·乐志》。）由此观之，则宋之搬演李义山，辽之搬演文宣王，既在宴时，其为杂剧无可疑也。

杂剧亦有歌词。《宋史·乐志》谓"真宗不喜郑声，而或为杂剧辞，未尝宣布于外"是也。其词如何，今不可考。唯三大宴之致辞，则由文臣为之，故宋人集中多乐语一种，又谓之致语，又谓之念语。兹录苏子瞻兴龙节集英殿宴乐语，如下节：

教坊致语

臣闻帝武造周，已兆兴王之迹；日符祚汉，实开受命之祥。非天私我有邦，惟圣乃作神主，仰止诞弥之庆，集于建丑之正，端玉履庭，爰讲比邻之好，虎臣在泮，复通西域之琛。式燕示慈，与人均福。恭维皇帝陛下，睿思冠古，浚哲自天。焕乎有文，日讲六经之训；述而不作，思齐累圣之仁。夷夏宅心，神人协德，卜年七百，方过历以承天，有臣三千，咸一心而戴后。彤庭振万，玉座传觞，诵干戈载戢之诗，作君臣相说之乐。斯民何幸，白首太平！臣猥以微生，亲逢盛旦，始庆猗兰之会，愿赓击壤之音。下采民言，上陈口号。

口　号

凛凛重瞳日月新，四方惊喜识天人，共知若木初生旦，且种蟠桃不计春。请吏黑山归属国，给扶黄发拜严宸。紫皇应在红云里，试问清都侍从臣。

勾合曲

祝尧之寿，既罄于欢谣，象舜之功，愿观于备乐。羽旄在列，笙磬同音，上奉严宸，教坊合曲。

勾小儿队

鱼龙奏技，毕陈诡异之观；髫龀成童，各效回旋之妙。嘉其尚幼，有此良心，仰奉宸慈，教坊小儿入队。

队　名

"两阶陈羽籥，万国走梯航"乐队。

问小儿队

工师在列，各怀自献之能；侲子盈庭，必有可观之伎。未知来意，宜悉奏陈。

小儿致语

臣闻生民以来，未有祖宗之仁厚。上帝所眷，锡以神圣之子孙，孚佑下民，笃生我后。瞻舜瞳之日月，望尧颡之山河。若帝之初，达四聪于无外，如川方至，倾万宇以来同，恭维皇帝陛下，齐圣广渊，刚健笃实，识文武之大者，体仁孝于自然。歌《诗·思齐》，见文王之所以圣；诵《书·无逸》，法中宗之不敢康。诞日载临，舆情共祝，神策授万年之算，洛书开五福之祥。臣等嬉游天街，沐浴王化，欲陈舞蹈之意，不知手足之随。未敢自专，伏取进止。

勾杂剧

金奏铿钝，既度《九韶》之曲；霓裳合散，又陈八佾之仪。舞缀暂停，优伶间作。再调丝竹，杂剧来欤！

放小儿队

游童率舞，逐物性之熙怡；小技毕陈，识天颜之广大。清歌既阕，叠鼓频催，再拜天阶，相将归去。

勾女童队

垂鬟在列，敛袂稍前，岂知北里之微，敢献南山之寿。霓旌坌集，金奏方谐，上奉威颜，两军女童入队。

队　名

"君臣千载遇，歌舞万方同"乐队。

问女童队

掺挝屡作，旌旆前临，顾游女之何能，造彤庭而献技。欲知来意，宜悉奏陈。

女童致语

妾闻瑞凫来祥，共纪生商之兆，群龙下集，适同浴佛之辰。佳气充庭，和声载路，辇出房而雷动，扇交翟以云开，喜动人天，春回草木。恭维皇帝陛下，凝神昭旷，受命穆清，三后在天，宜兴王之世有；四人迪哲，知享国之无穷。乃眷良辰，欲均景福，庭设九宾之礼，乐歌《四牡》之章。妾等幸觏昌期，获瞻文陛，虽乏流风之妙，愿输率舞之诚。未敢自专，伏候进止。

勾杂剧

清净自化，虽莫测于宸心，诙笑杂陈，示俛同于众乐。金丝再举，杂剧来欤！

放女童队

分庭久立，渐移爱日之阴；振袂再成，曲尽回风之态。龙楼却望，鼍鼓频催。再拜天阶，相将归去。

天子大宴之典如是，民间宴会之伎乐，当仿此而稍简略。故

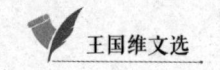

"乐语"一种，凡婚嫁、宴享落成时，均用之。更有于勾队、放队外，兼作舞词者，秦观、晁无咎、毛滂、郑仅等之《调笑转踏》是也。兹录郑仅之《调笑转踏》如下：

调笑转踏

良辰易失，信四者之难并；佳客相逢，实一时之盛事。用陈妙曲，上佐清欢。女伴相将，调笑入队。（此与"乐语"之勾队相当。少游作，此下尚有口号一首。）

秦楼有女字罗敷，二十未满十五余。金镮约腕携笼去，攀枝折叶城南隅。使君春思如飞絮，五马徘徊芳草路，东风吹鬓不可侵，日晚蚕饥欲归去。

归去，携笼女。南陌柔桑三月暮，使君春思如飞絮，五马徘徊频驻。蚕饥日晚空留顾，笑指秦楼归去。

石城女子名莫愁，家住石城西渡头。拾翠每寻芳草路，采莲暗过白蘋洲。五陵豪客青楼上，醉倒金壶待清唱，风高江阔白浪飞，急催艇子摇双桨。

双桨，小舟荡，唤取莫愁迎叠浪。五陵豪客青楼上，不道风高江广。千金难买倾城样，那听绕梁清唱。

绣户珠帘翠幕张，主人置酒宴华堂。相如年少多才调，消得文君暗断肠。断肠初认琴心挑，幺弦暗写相思调，今来万事不关心，此度伤心何草草。

草草，最年少，绣户银屏人窈窕，瑶琴暗写相思调，一曲关心多少！临邛客舍成都道，苦恨相逢不早。

湲湲流水武陵溪，洞里春长日月迟，红英满地无人扫，此度刘郎去后迷。行行渐入清流浅，香风引到神仙馆，琼浆一饮觉身轻，玉砌云房瑞烟暖。

烟暖，武陵晚，洞里春长花烂漫，红英满地溪流浅，渐听云中鸡犬。刘郎迷路香风远，误到蓬莱仙馆。（此下尚有九诗、九曲，分咏各事，以句调相同，故略之。）

放　队

新词宛转递相传，振袖倾鬟风露前，月落乌啼云雨散，游人陌上拾花钿。

今以之与"乐语"相比较，则乐语但勾放舞队，而不为之制词；而"转踏"不独定所搬演之人物，并作舞词。唯阕数之多少，则无一定。如上郑仅之《调笑》，多至十三阕；秦、毛二家各八阕，而晁无咎作，则仅七阕耳。（秦、晁、郑三家《调笑》均见《乐府雅词》，毛作见《宋六十一家词·东堂词》中。）其但作句队、遣队辞，而不为作歌词者亦有之，如洪适之《句降黄龙舞》及《句南吕薄媚舞》是也。（见《盘州文集》卷七十八。）然诸家《调笑》，虽合多曲而成，然一曲分咏一事，非就一人一事之首尾而咏之也。惟石曼卿作《拂霓裳转踏》述开元、天宝遗事（见王灼《碧鸡漫志》卷三），是为合数阕咏一事之始。今其辞不传，传者惟赵德麟（令畤）之商调《蝶恋花》，述《会真记》事，凡十阕，并置原文于曲前；又以一阕起，一阕结之。视后世戏曲之格律，几于具体而微。德麟于子瞻守颍州时，为其属官，至绍兴初尚存。其词作于何时，虽不可考，要在元祐之后、靖康之前。原词具载《侯鲭录》中，录之如下：

夫传奇者，唐元微之所述也。以不载于本集而出于小说，或疑其非是。今观其词，自非大手笔，孰能与于此？至今士大夫极谈幽玄、访奇述异，莫不举此以为美谈。至于倡优、女子，皆能调说大略。惜乎不被之以音律，故不能播之声乐，形之管弦。好事君子，极宴肆欢之余，愿欲一听其说，或举其末而忘其本，或纪其略而不及终其篇，此吾曹之所共恨者也！今因暇日，详观其文，略其烦亵，分之为十章。每章之下，属之以词。或全摭其文，或止取其意；又别为一曲，载之传前，先叙全篇之意。调曰商调，曲名《蝶恋花》，句句言情，篇篇见意。奉劳歌伴，先听调格，后听芜词。

丽质金娥生玉殿，谪向人间，未免凡情乱。宋玉墙东流美盼，乱花深处曾相见。密意浓欢方有便，不奈浮名，便遣轻分散。最恨多才情太浅，等闲不念离人怨。

传曰：余所善张君，性温茂，美风仪，寓于蒲之普救寺。适有崔氏孀妇，将归长安，路出于蒲，亦止兹寺。崔氏妇，郑女也。张出于郑，叙其亲，乃异派之从母。是岁，丁文雅不善于军，军之徒因大扰，劫掠蒲人。崔氏之家，财产甚厚，惶骇不知所措。张与蒲将之党有善，请吏护之，遂不及难。郑厚张之德，因饰馔以命张，谓曰："姨之孤嫠未亡，提携弱子幼女，犹君之所生也。岂可比常恩哉！今俾以仁兄之礼奉见。"乃命其子曰欢郎，女曰莺莺："出拜尔兄。"崔辞以疾，郑怒曰："张兄保尔之命，宁复远嫌乎？"又久之，乃至，常服睟容，不加新饰，垂鬟浅黛，双脸桃红，而已颜色艳异，光辉动人。张惊，为之礼，因坐郑旁，凝睇丽绝，若不胜其体。张问其年几？郑曰："十七岁矣。"张生稍以词导之，宛不蒙对，终席而罢。奉劳歌伴，再和前声。

锦额重帘深几许，绣履弯弯，未省离朱户。强出矫羞都不语，绛绡频掩酥胸素。黛浅愁深妆淡注，怨绝情凝，不肯聊回顾。媚脸未匀新泪污，梅英犹带春朝露。

张生由是拳拳，愿致其情，无由得也。崔之侍儿曰红娘，私为之礼者数四矣。间遂道其衷。翌日，红娘复至，曰："郎之言所不敢忘。崔之族姻，君所详知，何不因媒而求聘焉？"张曰："余始自孩提之时，性不苟合。昨日一夕间，几不自持。数日以来，行忘止，食忘饱，恐不逾旦！莫若因媒而娶，则数月之间，索我于枯鱼之肆矣。"红娘曰："崔之贞顺自保，虽所尊不能以非语犯之，然而善属文，往往沈吟章句，怨慕者久之；君试为谕情诗以乱之，不然，无由得也。"张大喜，立缀春词二首以授之。奉劳歌伴，再和前声。

懊恼娇娘情未惯，不道看看役得人肠断。万语千言都不管，兰房跬步如天远。废寝忘餐思想遍，赖有青鸾，不必凭鱼雁。密写香笺论缱绻，春词一纸芳心乱。

是夕红娘复至，持彩笺以授张，曰："崔所命也。"题其篇曰"明月三五夜"，其词曰："待月西厢下，临风户半开，隔墙花影动，疑是玉人来。"奉劳歌伴，再和前声。

庭院黄昏春雨霁，一缕深心，百种成牵系。青翼蓦然来报喜，花笺微谕相容意。待月西厢人不寐，帘影摇光，朱户犹慵闭。花动拂墙红萼坠，分明疑是情人至。

张亦微喻其旨。是夕，岁二月十四日矣。崔之东墙，有杏花一株，攀援可逾。既望之夕，张因梯其树所而逾焉。达于西厢，则户果半开。良久，红娘复来，连曰："至矣，至矣！"张生且喜且骇，心谓得之矣。及乎至，则端服俨容，大数张曰："兄之恩，活我家者厚矣，由是慈母以弱子幼女见依，奈何因不令之婢致淫泆之词，始以护人之乱为义，而终掠乱以求之。是以乱易乱，其去几何！诚欲寝其词，以保人之奸，不正；明之母，则背人之惠，不祥；是用托于短章，愿自陈启。犹惧兄之见难，故用鄙靡之词，以求必至，非礼之动，能不愧心？特愿以礼自待，无及于乱！"言毕，翻然而逝。张自失久之，复逾而出。由是绝望矣。奉劳歌伴，再和前声。

屈指幽期惟恐误，恰到春宵，明月当三五。红影压墙花密处，花阴便是桃源路。不谓兰诚金石固，敛袂怡声，恣把多才数。惆怅空回谁共语？只应化作朝云去。

后数日，张君临轩独寝，惊歇而起，则红娘敛衾携枕而至，抚张曰："至矣，至矣，睡何为哉！"并枕重衾而去。张生拭目危坐者久之，犹疑梦寐。俄而，红娘捧崔而至，娇羞融冶，力不能运肢体。向时之端庄不复同矣。是夕，旬有八日矣。斜月晶荧，幽辉半床，张生飘飘然，且疑神仙之徒，不谓从人间至也。有顷，寺钟鸣晓，红娘促去，崔氏娇啼宛转，红娘又捧而去。终夕无言。张生自疑于心曰："岂其梦耶？"所可明者，妆在臂，香在衣，泪光荧荧然，犹莹于茵席而已。奉劳歌伴，再和前声。

数夕孤眠如度岁，将谓今生，会合终无计。正是断肠凝望际，云心捧得常娥至。玉困花柔羞扠泪，端丽妖娆不与前时比。人去月斜疑梦寐，衣香犹在妆留臂。

此后又十数日，杳不相知。张生赋《会真诗》三十韵，未毕而红娘至。因授之以贻崔氏。自是复容之。朝隐而出，暮隐而入，同安于向所谓西厢者一月矣。张生将往长安，先以情喻之，崔氏宛无难词，然愁怨之容动人矣。欲行之再夕，不可复见，而张生遂西。奉劳歌伴，再和前声。

一梦行云还暂阻，尽把深诚，缀作新诗句；幸有青鸾堪密付，良宵从此无虚度。两意相欢朝又莫，不奈郎鞭，暂指长安路。最是动人情怨处，离情盈抱终无语。

不数月，张生复游于蒲，舍于崔氏者又累月。张生雅知崔氏善属文，求索再三，终不可见。虽待张之意甚厚，然而未尝以词继之。异时，独夜操琴，愁弄凄恻，张窃听之，求之，则不复鼓矣。张生以文调及期，又当西去；当去之夕，崔恭貌怡声，徐谓张曰："始乱之，今弃之，固其宜矣！愚不敢恨必也。君始之，君终之，亦君之惠也，又何必深憾于此行！然则君既不怿，无以奉宁。君尝谓我善鼓琴，今且往矣，既达君，此诚因命。"拂琴，鼓《霓裳羽衣序》。不数声，哀音怨乱，不复知其是曲，左右皆欷歔。崔投琴拥面泣下，趣归郑所，遂不复至。奉劳歌伴，再和前声。

碧沼鸳央交颈舞，正恁双栖，又遣分飞去。洒翰赠言终不许，援琴诉尽奴心素。曲未成声先怨慕，忍泪凝情，强作《霓裳序》。弹到离愁凄咽处，弦肠俱断梨花雨。

诘旦，张生遂行。明年，文战不利，遂止于京。因贻书于崔氏，以广其意。崔氏缄报之词，粗载于此。曰："捧览来问，抚爱过深，并惠花胜一合，口脂五寸，致耀首膏唇之饰。虽荷多惠，谁复为容！伏承便于京中就业，于进修之道，固在便安。但恨鄙陋之人，永以遐弃。命也如此，又复何言！自去秋以来，忽忽如有所失，至于梦寐之间，亦与叙感咽离忧之思。绸缪缱绻，暂若寻常，幽会未终，惊魂已断。虽半衾如暖，而思之甚遥。昔中表相因，或同宴处，兄有援琴之挑，鄙无投梭之拒。及荐枕席，义盛恩深，愚幼之情，永谓终托，岂期既见君子，不能以礼定情，致有自献之私，不复明侍巾栉，没身永恨，含叹何言！倘若仁人用心，俯遂幽劣，虽死之日，犹生之年。或如达士略情，舍小从大，以先配为丑行，谓要盟为可欺，则当骨化形销，丹诚不泯，因风委露，犹托清尘。存殁之诚，言尽于此，临纸呜咽，情不能伸。千万珍重！"奉劳歌伴，再和前声。

别后相思心目乱，不谓芳音，忽寄南来雁。却写花笺和泪卷，细书方寸教伊看。独寐良宵无计遣，梦里依稀，

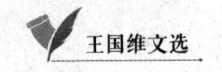

暂若寻常见。幽会未终魂已断，半衾如暖人犹远！

"玉环一枚，是莺幼年所弄，寄充君子下体之佩。玉取其坚洁不渝，环取其终始不绝，兼致彩丝一絇，文竹茶碾子一枚。此数者，物不足珍，意者欲君子如玉之贞，鄙志如环不解，泪痕在竹，愁绪萦丝，因物达诚，永以为好。心迩身远，拜会无期，幽愤所钟，千里神合。千万珍重！春风多厉，强饭为佳。慎自保持，勿以鄙为深念也。"奉劳歌伴，再和前声。

尺素重重封锦字，未尽幽闺，别后心中事，佩玉彩丝文竹器，愿君一见知深意。环欲长圆丝万系，竹上斓斑，总是相思泪。物会见郎人永弃，心驰魂去人千里。

张之友闻之，莫不耸异，而张之志固绝之矣。岁余，崔已委身于人，张亦有所娶，适经其所，张求以外兄见之，其夫已诺之，而崔终不为出。张君怨念之诚，动于颜色，崔知之，潜赋一诗寄张，曰："自从消瘦减容光，万转千回懒下床。不为旁人羞不起，为郎憔悴却羞郎。"然竟不之见。后数日，张君将行，崔又赋一诗以谢绝之，曰："弃置今何道，当时且自亲。还将旧来意，怜取眼前人。"奉劳歌伴，再和前声。

梦觉高唐云雨散，十二巫峰隔断相思眼，不为旁人移步懒，为郎憔悴羞郎见。青翼不来孤凤怨，路失桃源，再会终无便。旧恨新愁那计遣，情深何以情俱浅？

逍遥子曰：乐天谓微之能道人意中语，仆于是益知乐天之语为当也。何则？夫崔之才华宛美，词彩艳丽，则于所载缄书、诗章尽之矣。如其都愉淫冶之态，则不可得而见。及见其文，飘飘然仿佛出于人目前。虽丹青摹写其形状，未知能如是工且至否？仆尝采摭其意，撰成《鼓子词》十章，示余友何东白先生。先生曰：文则美矣，意犹有未尽者，胡不复为一章于其后，且具道张之于崔，既不能以理定其情，又不能合之于义。始相遇也，如是之笃，终相失也，如是之遽。必及于此，则全矣！余应之曰："先生真为文者矣。言必欲有始终、箴戒而后已。"大抵鄙靡之词，止歌其事之所可歌，不必如是之备。若夫聚散离合，亦人之常情，古今所同惜也，又况崔之始相得，而终至相失，岂得已哉！如崔已他适，而张诡计以求见，崔知张之意，而潜赋诗以谢之，其情盖有未能忘者矣。乐天曰："天长地久有时尽，此恨绵绵无绝期。"岂独主彼者耶？余因命此意，复成一阕，缀于传末。

镜破人离何处问，路隔银河，岁会知犹近。只道新来消瘦损，玉容不见空传信。弃掷前欢俱未忍，岂料盟言，陡顿无凭准。地久天长终有尽，绵绵不似无穷恨。

德麟此词，毛西河《词话》已视为戏曲之祖。然犹用通行词调，而宋人所歌，除词调外，尚有所谓大曲者。王灼《碧鸡漫志》曰"凡大曲，有散序、靸、排遍、攧、正攧、入破、虚催、实催、衮遍、歇指、杀衮，始成一曲，谓之大遍。而《凉州排遍》，予曾见一本，有二十四段。后世就大曲制词者，类从简省；而管弦家又不肯从首至尾吹弹，甚者，学不能尽"云云。此种大曲，自唐已有之。如郭茂倩《乐府诗集》所载《水调歌》《凉州》《伊州》等，叠数多寡不等，皆借名人之诗以入曲。兹录《水调歌》十一叠，如下：

水调歌第一
平沙落日大荒西，陇上明星高复低。孤山几处看烽火，壮士连营候鼓鼙。

第二
猛将关西意气多，能骑骏马弄琱戈。金鞍宝铰精神出，笛倚新翻《水调歌》。

第三

王孙别上绿珠轮，不羡名公乐此身。户外碧潭春洗马，楼前红烛夜迎人。

第四

陇头一段气长秋，举目萧条总是愁。只为征人多下泪，年年添作断肠流。

第五

双带仍分影，同心巧结香。不应须换彩，意欲媚浓妆。

入破第一

细草河边一雁飞，黄龙关里挂戎衣。为受明王恩宠甚，从事经年不复归。

第二

锦城丝管日纷纷，半入江风半入云。此曲只应天上有，人间能得几回闻？

第三

昨夜遥欢出建章，今朝缀赏度昭阳。传声莫闭黄金屋，为报先开白玉堂。

第四

日晚箛声咽戍楼，陇云漫漫水东流。行人万里向西去，满目关山空恨愁。

第五

千年一遇圣明朝，愿对君王舞细腰。乍可当熊任生死，谁能伴凤上云霄。

第六彻

闺烛无人影，罗屏有梦魂。近来音耗绝，终日望君门。

此种大曲，叠数既多，故于叙事尤便。于是咏事者，乃不用词调，而用大曲。《碧鸡漫志》谓："宣和初，普府守山东人王平，词学华赡，自言得《夷则商霓裳羽衣谱》，取陈鸿、白乐天《长恨歌传》，并乐天寄元微之《霓裳羽衣曲歌》，又杂取唐人小诗长句，及明皇太真事，终以微之《连昌宫词》，补缀成曲，刻板流传。曲十一段，起第四遍、第五遍、第六遍、正撷、入破、虚催、衮、实催、衮、歇拍、杀衮。"其词今不传，传者唯同时曾布所撰《水调歌头》大曲，咏冯燕事，见王明清《玉照新志》。如下：

水调歌头
排遍第一

魏豪有冯燕，年少客幽并。击球斗鸡为戏，游侠久知名。因避仇、来东郡，元戎逼属中军。直气凌貔虎，须臾叱咤风云。懔懔座中生。偶乘佳兴。轻裘锦带，东风跃马，往来寻访幽胜。游冶出东城。堤上莺花掩乱，香车宝马纵横。草软平沙稳。高楼两岸春风，笑语隔帘声。

排遍第二

袖笼鞭敲镫，无语独闲行。绿杨下，人初静，烟淡夕阳明。窈窕佳人，独立瑶阶，掷果潘郎，瞥见红颜横波盼，不胜娇软倚云屏。曳红裳，频推朱户，半开还掩，似欲倚，伊哑声里，细诉深情。因遣林间青鸟，为言彼此心期，的的深相许，窃香解佩，绸缪相顾不胜情。

排遍第三

说良人滑将张婴，从来嗜酒，回家镇长酩酊狂醒。屋上鸣鸠空斗，梁间客燕相惊。谁与花为主？兰房从此，朝云夕雨两牵萦。似游丝狂荡，随风无定。奈何岁华荏苒，欢计苦难凭，惟见新恩缱绻，连枝并翼，香闺日日为郎，谁知松萝托蔓，一比一毫轻。

排遍第四

一夕还家醉,开户起相迎。为郎引裾相庇,低首略潜形。情深无隐,欲郎乘间起佳兵。授青萍,茫然抚弄,不忍欺心。尔能负心于彼,于我必无情。熟视花钿不足,刚肠终不能平。假手迎天意,一挥霜刃,窗间粉颈断瑶琼。

排遍第五

凤皇钗、宝玉凋零,惨然怅,娇魂怨,饮泣吞声。还被凌波唤起,相将金谷同游,想见逢迎处,挪揄羞面,妆脸泪盈盈。醉眠人,醒来晨起,血凝蝤首,但惊喧,白邻里,骇我卒难明。致幽囚推究,覆盆无计哀鸣。丹笔终诬服,圜门驱拥,衔冤垂首欲临刑。

排遍第六(带花遍)

向红尘里,有喧呼攘臂,转身辟众,莫遣人冤滥、杀张室,忍偷生。僚吏惊呼呵叱,狂辞不变如初,投身属吏,慷慨吐丹诚。仿佛缧绁,自疑梦中,闻者皆惊叹,为不平。割爱无心,泣对虞姬,手戮倾城宠。翻然起死,不教仇怨负冤声。

排遍第七(撷花十八)

义城元靖贤相国,嘉慕英雄士,赐金缯。闻此事,频叹赏,封章归印。请赎冯燕罪,日边紫泥封诏,阃境赦深刑。万古三河风义在,青简上、众知名。河东注,任流水滔滔,水涸名难泯。至今乐府歌咏,流入管弦声。

此大曲之《水调歌头》,与词之《水调歌头》字数、韵数,均不相合,又间有平仄通押之处。稍后,有董颖者(颖字仲达,绍兴间人,尝从汪彦章、徐师川游。彦章为作序,见陈振孙《书录解题》),作道宫《薄媚》大曲咏西子事,亦然。陈氏《乐书》谓:"优伶常舞大曲,唯一工独进,但以手袖为容,蹋足为节,其

妙串者，虽风鹜鸟旋不逾其速矣。然大曲前缓叠不舞，至入破，则
羯鼓、襄鼓、大鼓与丝竹合作，句拍益急。舞者入场，投节制容，
故有催拍、歌拍，姿制俯仰，百态横出。"（《乐书》一百八十五
卷。）曾氏《水调歌》至排遍第七而止，故伴以舞与否，尚未可
知。董氏《薄媚》则自排遍第八起，经入破，以至杀衮。其必兼具
歌舞，无可疑者。其词见曾慥《乐府雅词》，兹录之如下：

道宫薄媚
排遍第八

怒涛卷雪，巍岫布云，越襟吴带如斯。有客经游，
月伴风随，值盛世，观此江山美，合放怀，何事却兴悲？
不为回头，旧谷（疑国之误）天涯，为想前君事，越王嫁
祸献西施，吴即中深机。　　阖庐死，有遗誓，勾践必诛
夷。吴未干戈出境，仓卒越兵，投怒夫差，鼎沸鲸鲵。越
遭劲敌，可怜无计脱重围。归路茫然，城郭丘墟，飘泊稽
山里。旅魂暗逐战尘飞，天日惨无辉。

排遍第九

自笑平生，英气凌云，凛然万里宣威。那知此际，
熊虎途穷，来伴麋鹿卑栖。既甘臣妾，犹不许，何为计。
争若都燔宝器，尽诛吾妻子，径将死战决雄雌，天意恐怜
之。　　偶闻太宰正擅权，贪赂市恩私。因将宝玩献诚，
虽脱霜戈，石室囚系，忧嗟又经时，恨不如巢燕自由归。
残月朦胧，寒雨潇潇，有血都成泪。备尝险厄反邦畿，冤
愤刻肝脾。

第十攧

种陈谋，谓吴兵正炽，越勇难施。破吴策，惟妖姬。
有倾城妙丽，名称（一作字）西子。岁方笄。算夫差惑
此，须致颠危。范蠡微行，珠贝为香饵。苎萝不钓钓深

121

闱，吞饵果殊姿。　　素肌纤弱，不胜罗绮。鸾镜畔，粉面淡匀，梨花一朵琼壶里。嫣然意态娇春，寸眸剪水，斜鬟松翠。人无双、宜名动君王，绣履容易，来登玉陛。

入破第一

窄湘裙，摇汉佩，步步香风起。敛双蛾，论时事，兰心巧会君意。殊珍异宝，犹自朝臣未与，妾何人，被此隆恩，虽令效死。奉严旨。　　隐约龙姿忻悦，重把甘言说（悦、说二字皆韵，此为四声通押之祖）。辞俊雅，质娉婷，天教汝、众美兼备。闻吴重色，凭汝和亲，应为靖边陲。将别金门，俄挥粉泪，净妆洗。

第二虚催

飞云驶。香车故国难回睇。芳心渐摇，迤逦吴都繁丽。忠臣子胥，预知道为邦祟。谏言先启。愿勿容其至。周亡褒姒，殷倾妲己。　　吴王却嫌胥逆耳，才经眼，便深恩爱。东风暗绽娇蕊。彩鸾翻妒伊。得取次、孑飞共戏。金屋看承，他官尽废。

第三衮遍

华宴夕，灯摇醉。粉菡萏，笼蟾桂。扬翠袖，含风舞，轻妙处，惊鸿态。分明是，瑶台琼榭，阆苑蓬壶，景尽移此地。花绕仙步，莺随管吹。　　宝帐暖留春，百和馥郁融鸳被。银漏永，楚云浓，三竿日、犹褪霞衣。宿醒轻腕，嗅宫花，双带系。合同心时。波下比目，深怜到底。

第四催拍

耳盈丝竹，眼摇珠翠。迷乐事。宫闱内。争知。渐国势陵夷。奸臣献佞，转恣奢淫，天谴岁屡饥。从此万姓离心解体。　　越遣使。阴窥虚实，蚤夜营边备。兵未动，子胥存，虽堪伐、尚畏忠义。斯人既戮，且又严兵卷土，赴黄池观衅，种蠡方云可矣。

122

第五衮遍

机有神，征鼙一鼓，万马襟喉地。庭喋血，诛留守，怜屈服，罢兵还，危如此。当除祸本，重结人心，争奈竟荒迷。战骨方埋，灵旗又指。　　势连败。柔荑携泣。不忍相抛弃。身在今，心先死，宵奔兮，兵已前围。谋穷计尽，唳鹤啼猿，闻处分外悲。丹穴纵近，谁容再归？

第六歇拍

哀诚屡吐，甫东分赐。垂莫日，置荒隅，心知愧。宝锷红委。鸾存凤去，辜负思怜，情不似虞姬。尚望论功，荣归故里。　　降令曰，吴无赦汝，越与吴何异？吴方怨，越方疑，从公论、合去妖类。蛾眉宛转，竟殒鲛绡，香骨委尘泥。渺渺姑苏，荒芜鹿戏。

第七煞衮

王公子。青春更才美。风流慕连理。耶溪一日，悠悠回首凝思。云鬟烟髻，玉珮霞裙，依约露妍姿。送目惊喜，俄迁玉趾。　　同仙骑。洞府归去，帘栊窈窕戏鱼水。正一点犀通，遽别恨何已！媚魄千载，教人属意。况当时。金殿里。

曲文迄于宋南渡之初，所可考见者仅此。宋吴自牧《梦粱录》载，谓"汴京教坊大使孟角毬曾做杂剧本子，葛守诚撰四十大曲"，殆即此类。此后如周密《武林旧事》所载南宋官本杂剧段数，陶宗仪《辍耕录》所载金人院本名目中，其目之兼举曲调名者，犹当与曾、董大曲不甚相远也。

今以曾、董大曲与真戏曲相比较，则舞大曲时之动作皆有定制，未必与所演之人物所要之动作相适合。其词亦系旁观者之言，而非所演之人物之言，故其去真戏曲尚远也。至由叙事体而变为代言体，由应节之舞蹈而变为自由之动作，北宋杂剧已进步至此否，

今阙无考。以后杨诚斋《归去来辞引》(《诚斋集》卷九十七),其为大曲,抑自度腔,均不可知。然已纯用代言体,兹录于下:

归去来辞引

侬家贫甚诉长饥,幼稚满庭闱。正坐瓶无储粟,漫求为吏东西。

偶然彭泽近邻圻,公秫滑流匙,葛巾劝我求为酒,黄菊怨、冷落东篱。五斗折腰,谁能许事,归去来兮。

老圃半榛茨,山西欲蒌藜,念心为形役又奚悲!独惆怅前迷,不谏后方追,觉今来是了,觉昨来非。

扁舟轻飏破朝霏,雨细漫吹衣。试问征夫前路,晨光小,恨熹微。

乃瞻衡宇载奔驰,迎候满荆扉。已荒三径存松菊,喜诸幼、入室相携。有酒盈樽,引觞自酌,庭树遣颜怡。

容膝易安栖,南窗寄傲睨,更小园日涉趣尤奇。尽虽设柴门,长是闭斜晖。纵遐观矫首,短策扶持。

浮云出岫岂心田,鸟倦亦归飞,翳翳流光将入,孤松抚处凄其。

息交绝友堑山溪,世与我相违,驾言复出何求者,旷千载、今欲从谁?亲戚笑谈,琴书觞咏,莫遣俗人知。

解后又春熙,农人欲载菑,告西畴有事要耘耔。容老子舟车,取意任委蛇。历崎岖窈窕,丘壑随宜。

欣欣花木向荣滋,泉水姑流渐。万物得时如许,此生休笑吾衰。

寓形宇内几何时?岂问去留为!委心任运何多虑,顾遑遑、将欲何之?大化中间,乘流归尽,喜惧莫随伊。

富贵本危机,云乡不可期。趁良辰、孤往恣游嬉。独临水登山,舒啸更哦诗,除乐天知命,了复奚疑。

此曲不著何调，前后凡四调，每调三叠，而十二叠通用一韵。其体于大曲为近。虽前此如东坡《哨遍》隐括《归去来辞》者，亦用代言体；然以数曲代一人之言，实自此始。要之，曾、董大曲开董解元之先，此曲则为元人套数杂剧之祖。故戏曲之不始于金元，而于有宋一代中变化者，则余所能信也。若宋末之戏曲，则具于《曲录》卷一，兹不复赘。

古剧脚色考

戏剧脚色之名，自宋元迄今，约分四色，曰生、旦、净、丑，人人之所知也。然其命名之义，则说各不同。胡应麟曰："凡传奇以戏文为称也，亡往而非戏也。故其事欲谬悠而无根也，其名欲颠倒而亡实也，反是而欲求其当焉，非戏也。故曲欲熟而命以生也，妇宜夜而命以旦也，开场始事而命以末也，涂污不洁而命以净也：凡此，咸以颠倒其名也。"（《少室山房笔丛》卷四十。）此一说也。然胡氏前已有为此说者，故祝允明《猥谈》驳之曰："生、净、旦、末等名，有谓反其事而称，又或托之唐庄宗，皆缪云也。此本金元阛阓谈唾，所谓'鹘伶声嗽'，今所谓市语也。生即男子，旦曰妆旦色，净曰净儿，末曰末尼，孤乃官人，即其土语，何义理之有？《太和谱》略言之。"（《续说郛》卷四十六。）此又一说也。国朝焦循又为之说曰："元曲无生之称，末即生也。今人名刺，或称晚生，或称晚末、眷末，或称眷生，然则生与末为元人之遗。"（《易余籥录》卷十七。）此又一说也。胡氏颠倒之说，似最可通。然此说可以释明脚色，而不足以释宋元之脚色。元明南戏，始有副末开场之例，元北剧已不然，而末泥之名，则南宋已有之矣。净之傅粉墨，明代则然，元代已不可考；而副靖之名，则北宋已有之矣。此皆不可通者也。焦氏释末，理或近之，然末之初，固称末尼。至净、丑二色，则又何说焉？三说之中，自以祝氏为稍允。但其说至简，无所证明，而《太和正音谱》《坚瓠集》所举各解又复支离怪诞，不可究诘。今就唐宋迄今剧中之脚色，考其渊源变化，并附以私见，但资他日之研究，不敢视为定论也。

参军　副靖　副净　净

参军之源,其说有二:《乐府杂录》云:"始自后汉馆陶令石耽,耽有赃犯,和帝惜其才,免罪,每宴乐,即令衣白夹衫,命俳优弄辱之,经年乃放,后为参军。误也。"《赵书》曰:"石勒参军周延,为馆陶令,断官绢数百匹,下狱,以八议宥之。后每大会,使俳优著介帻、黄绢、单衣,优问:'汝何官,在我辈中?'曰:'我本为馆陶令。'斗数单衣曰:'正坐取是,入汝辈中。'以为笑。"(《太平御览》卷五百六十九引。)二说未知孰是。(或谓后汉未有参军官,故段说不足信。案司马彪《续汉志》,虽无参军一官,然《宋书·百官志》则谓参军,后汉官孙坚为车骑参军是也。则和帝时,或已有此官,亦未可知。)要之,唐以前已有此戏,但戏名而非脚色名也。《杂录》又云:"开元中,有黄幡绰、张野狐弄参军,又有李仙鹤善此戏,明皇时授韶州同正参军,以食其禄。"其为戏名或脚色名,尚未可定。惟赵璘《因话录》云:"肃宗宴于宫中,女优有弄假官戏,其绿衣秉简者,谓之参军桩。"(卷一。)则似已为脚色之称。至五代犹然。《吴史》云:"徐知训怙威骄淫,调谑王(杨隆演)无敬长之心。尝登楼狎戏,荷衣木简,自号参军,令王髽髻鹑衣为苍头以从。"(宋姚宽《西溪丛语》卷下引,又《五代史·吴世家》略同。)又谓之陆参军。《云溪友议》云"元稹廉访浙东,有俳优周季南、季崇及妻刘采春自淮甸而来,善弄陆参军,歌声彻云"(卷九)是也。北宋则谓之参军色(《东京梦华录》),为俳优之长。又观《夷坚志》(丁集卷四)、《桯史》(卷七及卷十)、《齐东野语》(卷十三及卷二十)所载参军事,其所搬演,无非官吏,犹即唐之假官戏也。其服色,在唐以前,则或白、或黄、或绿,宋亦谓之绿衣参军(《桯史》卷十)。唐时,则手执木简,宋则手执竹竿拂子(《东京梦华录》),或执杖(《齐东野语》卷一十),故亦谓之竹竿子(史浩

《鄮峰真隐漫录》卷四十五），又谓之副净。陶宗仪云："副净，古谓之参军。"（《辍耕录》卷二十五。）宁献王云："靓，古谓参军。"（《太和正音谱》卷首。）然考之北宋，已有副靖之名。黄山谷词所谓"副靖传语木大"是也。又谓之次净。（《武林旧事》卷四。）宋元人书中，但有副净而无净。单云净者，始于《太和正音谱》。（《元曲选》有净，然恐经明人删改。）余疑"净"即"参军"之促音，"参"与"净"为双声，"军"与"净"似叠韵，"参军"之为"净"，犹"勃提"之为"披"、"邾娄"之为"邹"也。

副净之为参军，惟《辍耕录》《太和正音谱》始言之。其说果可信否，亦在所当研究者。今以二书所云副净事，较之宋人所纪参军事，颇相符合。《辍耕录》云："鹘能击禽鸟，末可打副净。"《正音谱》云："副末执磕瓜以朴靓。"今案《夷坚志》（丁志卷四）云："崇宁初，伶者对御为戏，推一参军作宰相，（中略）副者举所挺杖击其背。"《桯史》（卷七）云："绍兴十五年，就秦桧第赐宴。假以教坊优伶，（中略）有参军者前，褒桧功德，一伶以荷叶交倚从之，（中略）参军将就倚，忽坠其幞头，（中略）伶遽以朴击其首。"《齐东野语》（卷十三）云："内宴日，参军四筵张乐，胥辈请金文书，（中略）胥击其首。"由此三事，则副净之为参军，无可疑也。惟《齐东野语》（卷二十）别记一事，则适与之反。云：宣和间，徽宗与蔡攸辈在禁中，自为优戏。上作参军趋出，攸戏上曰：'陛下好个神宗皇帝。'上以杖鞭之云：'你也好个司马丞相。'"岂因徽宗自作参军，臣不可击君，故变其例欤？然《容斋随笔》（卷十四）云："士之处世，视富贵利禄，当如优伶之为参军，方其据几正坐，噫呜诃箠，群优拱而听命，戏罢，则亦已矣。"则参军自诃箠之事，至《东京梦华录》所云，参军色手执竹竿拂子，此当用以指挥，非用以击人。又细绎《夷坚志》所云，"推参军一人作宰相，（中略）其副者举所挺杖击之","其副者"三字，当指参军之副，即谓"副净"也。如此则击人者为副净，而被击者为净。副净本参军之副，故宋人亦呼为"参军"。此说虽属想像，或足证净为参军之促音欤。

末尼　戏头　副末　次末　苍鹘

末之名，始见于《武林旧事》（卷四）所记"杂剧三甲"，每甲各有戏头、引戏、次净、副末，或加装旦。又有单称末者，同卷载乾淳教坊乐部杂剧色，德寿宫有盖门庆，下注云末是也。《梦粱录》（卷二十）谓之末泥，曰：杂剧中，末泥为长，每一场四人或五人。（中略）末泥色主张，引戏色分付，副净色发乔，副末色打诨，或添一人，名曰装孤。《辍耕录》所载院本五人，同。以此与《武林旧事》相比较，则四人中有末泥而无戏头，然既云末泥为长，则末泥即戏头也。案《宋史·乐志》，大乐有舞头、引舞，戏头、引戏，殆仿大乐为之。末泥之名，不知所自出。隋龟兹部歌曲，有《善善摩尼》（《隋书·音乐志》），唐羯鼓食曲（此二字有讹阙）有《居摩尼》（南卓《羯鼓录》）。案：摩尼，梵语谓珠。《翻译名义集》云：摩尼，正云末尼。末尼之名，或自曲名出。而至南宋初，始见载籍。又似后起之名矣。然《梦华录》（九）云："圣节大宴，第一盏，御酒，舞旋多是雷中庆，舞曲破撷前一遍，舞者入场，至歇拍，续一人入场，对舞数拍，前舞者退，独后舞者终其曲，谓之舞末。"此条言舞大曲，似与脚色无涉，然脚色中戏头、引戏，均出于舞头、引舞（见前），则末泥之名，亦当自"舞末"出。长言之则为末泥，短言之则为末。前疑其出于曲名者，非也。

副末之名，北宋已有之。《渔隐丛话》前集（三十）引王直方《诗话》"欧阳公《归田乐》四首，只作二篇，馀令圣俞续之。及圣俞续成，欧阳公一简谢之云'正如杂剧人上名下韵不来，须副末接续。家人见诮，好时节将诗去人家厮搅，不知吾辈用以为乐'"云云，可证也。《武林旧事》又作次末。《辍耕录》云：副末，古

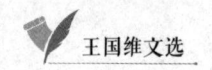

谓之苍鹘；又云：鹘能击禽鸟，末可打副净。《太和正音谱》亦云。今案《李义山集·骄儿》诗："忽复学参军，案声唤苍鹘。"《五代史·吴世家》云：徐氏之专政也，隆演幼懦，不能自持，而知训尤凌侮之。尝饮酒楼上，命优人高贵卿侍酒，知训为参军，隆演鹑衣鬅髻为苍鹘。（《西溪丛语》引《吴史》作苍头，复据《五代史》正之。）则唐五代时，与参军相对演者为苍鹘。如宋时副末之对副净也。《辍耕录》之说，殆以此二事为根据，其他则不能证之矣。

顾事有不可解者，则宋时但见副靖、次净之名，而不见有净。又多云次末、副末，而罕云末是也。窃疑净苟为参军之促音，而宋之参军色恒为俳优之长。至南宋之季，则末泥为长，职在主张，故入场搬演者，只有副净、副末，而净、末反罕闻，其故或当如此欤。

引戏　郭郎　郭秃

引戏之名，始见于《武林旧事》《梦粱录》。然其实则唐已有之。《乐府杂录》"傀儡"条云："其引歌舞有郭郎者，发正秃，善优笑，闾里呼为郭郎，凡戏场必在俳儿之首。"案《颜氏家训·书证篇》："或问俗名傀儡子为郭秃，有故实乎？答曰：《风俗通》云，诸郭皆讳秃，当是前世有姓郭而病秃者，滑稽调戏，故后人为其象，呼为郭秃，犹文康象庾亮尔。"如此，则北朝已有郭郎之戏。且其人当在汉世矣。宋之引戏即郭郎之遗否，今不可考。《太和正音谱》云："引戏，院本中狙也。"考《武林旧事》，则"杂剧三甲"中，刘景长一甲，有引戏，又有装旦，则其说殆不可信。或此色可兼扮男女欤？

旦　妲　狙

旦、妲二名，始见于《武林旧事》《梦粱录》。然搬弄妇女，其事颇古。《汉书·郊祀志》："紫坛伪设女乐。"裴松之《三国志注》引《魏书》司马景王奏永宁宫曰："皇帝日延小优郭怀、袁信于广望观下，作辽东妖妇。"而北齐《踏谣娘》戏，亦以丈夫著妇人衣为之。（《教坊记》。）《隋书·音乐志》："周宣帝即位，广召杂伎，增修百戏，（中略）好令城市少年有容貌者，妇人服而歌舞相随，引入后庭，与宫人观听。"又云："大业中，每岁正月，万国来朝，留至十五日，于端门外建国门内，绵亘八里，列为戏场，（中略）其歌舞者，多为妇人，服鸣环佩，饰以花毦者，殆三万人。初课京兆河南，制此衣服，而两京缯锦为之中虚。"故柳彧请禁正月十五日角抵戏，曰："人戴兽面，男为女服。"（《柳彧传》。）迄于唐初，此风犹盛。武德元年，万年县法曹孙伏伽上书曰"百戏、散乐，本非正声，有隋之季，始见崇用，此谓淫风，不可不改。近者，太常官司于人间，借妇女裙襦五百余具，以充散乐之服"云云。（《唐会要》卷三十四并两《唐书·孙伏伽传》。）后谓之弄假妇人。《乐府杂录》云"咸通以来，即有范传康、上官唐卿、吕敬迁三人弄假妇人"是也。则旦之实，唐以前既有之矣。至旦之名所由起，则说又不一。近人长沙杨恩寿云："自北剧兴，男曰末，女曰旦，南曲虽稍有更易，而旦之名不改。不解其义。案《辽史·乐志》：'大乐有七声，谓之七旦。'凡一旦司一调，（中略）此外又有四旦二十八调，（中略）所谓旦者，乃司乐之总名，金元相沿，遂命歌伎领之，后改为杂剧，不皆以倡伎充旦，则以优之少者假扮为女，渐失其真。"（《词余丛话》卷一。）此说全无根据。其误解《辽志》，又大可惊异也。《辽志》所谓婆陀力旦、鸡识旦、沙识旦、沙侯加滥旦者，皆声之名，犹言宫声、商声、角声、羽声也。杨氏谓为司乐之总名，殊属杜撰。且旦之名，岂独始见于《辽志》而已。《隋书·音乐志》已有之。《隋志》云：苏祗婆父在西域，称为知音，代相传习，调有七种，以其七调，勘校七声，冥若合符。一曰婆陁力，华言平声，即宫声也。（中略）就此七调，又有五旦之名，旦作七调，以华言译之，旦者则谓均也。其声亦应黄钟、大簇、林钟、南吕、姑洗，五均已外，七律更无调声。以此观之，则《辽志》所谓旦，即《隋志》所谓声。《隋志》之旦，以律吕为经，而以宫商纬之。郑译之八十四调是也。《辽志》之旦，以宫商角羽四声为经，而以律吕纬之。隋唐以来之燕乐二十八调是也。此点虽异，而其以旦统调则所同也。核此二解，都非司乐之名；即使旦之名果出于辽，则或由妇人之声多用四旦中之某旦，而婆陀力旦、鸡识旦之名，本为雅言，伶人所不能解，故后略称旦耳。此想象之说，或较杨说为通。要之，旦名之所本虽不可知，然宋金之际，必呼妇人为旦，故宋杂剧有装旦，装旦之为假妇人，犹装孤之为假官也。至于元人，犹目张奔儿为风流旦，李娇儿为温柔旦（《青楼集》），此亦旦本伎女之称之一证。若《坚瓠集》引《庄子》"爰猵狙以为雌"之说，则更无讥焉。

冲末　小末　二末　老旦　大旦　小旦　细旦　色旦
搽旦　花旦　外旦　贴旦　外　贴

前论四色，乃宋金脚色之最著者，至元剧，而末旦二色支派弥多。正末副末之外，有冲末、小末，而小末又名二末。旦则正旦外，有老旦、大旦、小旦、色旦、搽旦、外旦、旦儿（焦循《易余籥录》曾从元曲钩稽出之，兹据其说），而《武林旧事》《梦粱录》尚有细旦，《青楼集》又有软末泥、驾头、花旦之名；又云：凡妓以墨点破其面者为花旦。盖即元曲之色旦、搽旦也。元曲有外旦无外末，而又有外；外则或扮男，或扮女，外末、外旦之省为外，犹贴旦之后省为贴也。案宋制，凡直馆（史馆）院（崇文院）则谓之馆职，以他官兼者，谓之贴职（《宋史·职官志》）；又《武林旧事》（卷四）载乾淳教坊乐部，有衔前，有和顾，而和顾人如朱和、蒋宁、王原全下，皆注云"次贴衔前"。意当与贴职之贴同，即谓非衔前而充衔前也。然则曰冲，曰外，曰贴，均系一义，谓于正色之外，又加某色以充之也。至明代传奇，但省作贴，则义不可通。幸《元曲选》尚存外旦、贴旦之名，得以考外与贴之本义。但南宋官本杂剧段数，已有《喝贴万年欢》，《辍耕录》金院本名目，有《贺贴万年欢》。贺贴、喝贴，或有他义，或宋金已省作贴，则不可考矣。

孤

《太和正音谱》云："孤，当场装官者。"证以院本名目之"孤下家门"及现存元曲，其说是也。《辍耕录》谓之"孤装"，而《梦粱录》则作"装孤"。以《武林旧事》之装旦例之，则装孤为长。孤之名或官之讹转，或以其自称孤名之也。

捷机　捷讥

《太和正音谱》角色中有"捷讥"，此名亦始于宋。《武林旧事》（卷六）《诸色伎艺人》"商谜"条有捷机和尚。"捷机"即"捷讥"，盖便给有口之谓。明周宪王《吕洞宾花月神仙会》杂剧所载古院本，犹有捷讥色，所扮者为蓝采和，自号乐官，则《正音谱》所谓俳优称为乐官者是也。

痴大　木大　咸淡　婆罗　鲍老　孛老　卜儿　鸨

此外古脚色之可考者，则有痴大，有咸淡，有婆罗，皆始于唐。《朝野佥载》谓散乐高崔嵬善弄痴大，而宋亦有"木大"，陶谷《清异录》（二）："长沙狱掾任兴祖，拥骑吏出行，有卖药道人行吟曰：'无字歌，呵呵亦呵呵，哀哀亦呵呵，不似荷叶参军子，人人与个拜，木大作厅上假阎罗。'"黄山谷词："副靖传语木大，鼓儿里且打一和。"金院本名目有《呆木大》。本大，疑即唐之"痴大"，又与副靖对举，其为脚色无可疑也。《乐府杂录》"俳优"条，弄参军外，又云："武宗朝，有曹叔度、刘泉水咸淡最妙；咸通以来，即有范传康、上官唐卿、吕敬迁三人，弄假妇人。"如此二句相承，则咸淡为假妇人之始。旦之音当由咸淡之淡出。若作二事解，则咸淡亦一种脚色。今宋官本杂剧有《医淡》

《论淡》二本，金院本名目有《下角瓶大医淡》《打淡的》《照淡》三本。淡或犹咸淡之略也。《杂录》又云："弄婆罗，大中初有康乃、李百魁、石宝山。"婆罗，疑婆罗门之略。至宋初转为鲍老。杨大年《傀儡诗》云："鲍老当筵笑郭郎，笑他舞袖太郎当，若教鲍老当筵舞，转更郎当舞袖长。"（陈师道《后山诗话》。）至南宋时，或作抱锣。《梦华录》（七）云："宝津楼前百戏，有假面披发，口吐狼牙烟火，如鬼神状者上场。著青帖金花短后之衣，帖金皂袴，手携大铜锣，随身步舞而进退，谓之抱锣。绕场数遭，或就地放烟火之类。"抱锣即鲍老，以此际偶携锣，遂讹为抱锣耳。然舞队犹有《大小斫刀鲍老》（《武林旧事》）、《倬刀鲍老》（《梦粱录》）等名，又南北曲调以"鲍老"名者殆以十数。金元之际，鲍老之名分化而为三：其扮盗贼者，谓之邦老；扮老人者，谓之孛老；扮老妇者，谓之卜儿。皆鲍老一声之转，故为异名以相别耳。《太和正音谱》之鸨，则又卜儿之略云。

俫　爷老　曳剌　酸　细酸　邦老

孛老、卜儿，皆脚色之表示年齿者。俫儿之表童子亦然。俫，始见金院本名目，及元曲，其义未详。此外脚色，又有表所扮之人之职业地位者，如曳剌、细酸、邦老是也。曳剌，本契丹语，唐人谓之曳落河。《旧唐书·房琯传》："琯临戎谓人曰：'逆党曳落河虽多，岂能当我刘秩等。'"《辽史》作拽剌，《百官志》有拽剌军详稳司，旗鼓拽剌详稳司，千拽剌详稳司，猛拽剌详稳司。又云，走卒谓之拽剌。《武林旧事》作爷老，其所载官本杂剧，有《三爷老大明乐》《病爷老剑器》二本，当即辽之拽剌也。元马致远《荐福碑》杂剧中尚有曳剌为胥役之名，此即《辽志》走卒谓之拽剌之证。细酸始见元曲，前单称酸。宋官本杂剧之《急慢酸》，金院本名目之《合房酸》等是也。胡氏《笔丛》（卷四十）云："世谓秀才为措大，元人以秀才为细酸，《倩女离魂》首折，末扮细酸为王文举是也。"今臧刻《倩女离魂》无细酸字，当经明人删改。余所见明周宪王《张天师明断辰勾月》杂剧，犹有末扮细酸上云云，则明初犹用此语矣。邦老之名，见于元人《黄粱梦》《合汗衫》《硃砂担》诸剧，皆杀人贼，其所自出，当如上节所云。而金人院本名目所载"邦老家门"二本，一曰《脚言脚语》，一曰《则是便是贼》，则此语确为金元人呼盗贼之称矣。

厥 偌 哮 郑 和

宋金杂剧院本中，有似脚色而非脚色，且其名义不可解者，如厥，如偌，如哮，如郑，如和是也。宋官本杂剧之以厥名者，如《赶厥夹六么》《赶厥胡渭州》《赶厥石州》《双厥投拜》是。其以偌名者，则宋官本杂剧有《催妆贺皇恩》，下注云"三偌"，又有《三偌慕道六么》《偌卖旦长寿仙》《四偌皇州》《槛偌保金枝》《强偌三乡题》《三偌一赁驴》，金院本名目亦有《偌卖旦》《恨秋风鬼点偌》《四偌大提猴》《三偌一卜》《四偌贾浑》《四偌祈雨》《四偌抹紫粉》《四偌劈马椿》《偌请都子》诸本。其以哮名者，则官本杂剧《扯拦六么》下，注云"三哮"，又有《四哮梁州》《双哮新水》《双哮采莲》《三哮卦铺儿》《三哮揭榜》《三哮上小楼》《三哮文字儿》《三哮好女儿》《三哮一担脚》诸本，此外又有《双拦哮六么》《褴哮合房》《褴哮店休妲》《褴哮负酸》四本，则哮殆拦哮，或褴哮之略。其以郑名者，则有《病郑逍遥乐》《四郑舞杨花》二本。以和名者，则有《孤和法曲》《病和采莲》二本。以《双旦降黄龙》《病孤三乡题》诸本例之，谓厥、偌、哮、郑、和等，非脚色之名或假脚色（如爷老、邦老之类）之名不可也。至其名义，则尤晦涩。厥之为义，虽宋人亦所不解。欧阳公《六一诗话》云："陶谷尚书尝曰：尖檐帽子卑凡厥，短勒靴儿末厥兵。末厥，亦当时语，余天圣景祐间，已闻此句，时去陶公尚未远，人皆莫晓其义。"刘贡父《诗话》云："今人呼秃尾狗为厥，衣之短后者亦曰厥。故欧公记陶尚书语末厥兵，则此兵正谓末贼耳。"李治《敬斋古今黈》（卷八）则曰："末厥，盖俗语也。犹今俚语俗言木厥云耳。木厥者，木强刁厥之谓。"刘李二说，不同如是。余意末厥兵必三字相连为一俗语，厥之名或自此出。至偌之音则与查近，《封氏闻见记》（十）"近代流俗，呼丈夫妇人纵放不拘礼度者为'查'。又有百数十种语，自相通解，谓之'查谈'。大抵迫猥僻"云云。则偌或为轻薄子之称。若哮、郑、和，则其意全不可解，姑举于此，以俟后日之研究耳。

丑　生

宋元戏剧脚色之可举者如下。惟丑之名，虽见《元曲选》，然元以前诸书，绝不经见。或系明人羼入。然丑虽始于明，其名亦必有所本。余疑丑或由五花爨弄出。《辍耕录》云："院本又谓之五花爨弄。或曰，宋徽宗见爨国人来朝，衣装鞋履，巾裹、傅粉墨，举动皆如此，使优人效之以为戏。"（卷二十五。）而宋官本杂剧，金院本名目之以爨名者，不可胜数。爨与丑本双声字，又爨字笔画甚繁，故省作丑，亦意中事。其傅粉墨一事，亦恰与丑合。则此色亦宋世之遗。至明代以后，脚色除改末为生外，固不出元脚色之外矣。

余说一

综上文所考者观之，则隋唐以前，虽有戏剧之萌芽，尚无所谓脚色也。参军所搬演，系石耽或周延故事。唐中叶以后，乃有参军、苍鹘，一为假官，一为假仆，但表其人社会上之地位而已。宋之脚色，亦表所搬之人之地位、职业者为多。自是以后，其变化约分三级：一表其人在剧中之地位，二表其品性之善恶，三表其气质之刚柔也。宋之脚色，以副净为主，副末次之。然宋剧之以旦、以孤名者，不一而足，知他色亦有当场者矣。元杂剧中，则当场唱者惟正末、正旦。如《气英布》《单鞭夺槊》二剧，第四折均以探子唱，则以正末扮探子。《柳毅传书》第二折，用电母唱，则以正旦扮电母。虽剧中之主人翁，苟于此折中不唱，则亦退居他色，故元剧脚色，全以唱不唱定之。南曲既出，诸色始俱唱，然一剧之主人翁，犹必为生旦，此皆表一人在剧中之地位，虽在今日，犹沿用之者也。至以脚色分别善恶，事亦颇古。《梦粱录》记南宋影戏曰："公忠者雕以正貌，奸邪者刻以丑形，盖亦寓褒贬于其间。"（卷二十。）影戏如此，真戏可知。元明以后，戏剧之主人翁，率以末旦或生旦为之，而主人之中多美鲜恶，下流之归，悉在净丑。由是脚色之分，亦大有表示善恶之意。国朝以后，如孔尚任之《桃花扇》，于描写人物，尤所措意。其定脚色也，不以品性之善恶，而以气质之阴阳刚柔，故柳敬亭、苏昆生之人物，在此剧中，当在复社诸贤之上，而以丑、净扮之，岂不以柳素滑稽，苏颇倔强，自气质上言之当如是耶？自元迄今，脚色之命意，不外此三者，而渐有自地位而品性，自品性而气质之势，此其进步变化之大略也。

夫气质之为物，较品性为著。品性必观其人之言行而后见，气质则于容貌举止声音之间可一览而得者也。盖人之应事接物也，有刚柔之分焉，有缓急之殊焉，有轻重强弱之别焉。此出于祖父之遗传，而根于身体之情状，可以矫正而难以变革者也。可以之善，可以之恶，而其自身非善非恶也。善人具此，则谓之刚德柔德；恶人具此，则谓之刚恶柔恶；此种特性，无以名之，名之曰气质。自气质言之，则亿兆人非有亿兆种之气质，而可以数种该之。此数种者，虽视为亿兆人气质之标本可也。吾中国之言气质者，始于《洪范》三德，宋儒亦多言气质之性，然未有加以分类者。独近世戏剧中之脚色隐有分类之意，虽非其本旨，然其后起之意义如是，不可诬也。脚色最终之意义，实在于此。以品性，必观其人之言行而后见，而气质则可于容貌、声音、举止间，一览而得故也。故既考其渊源，复附论之如此。

余说二（面具考）

面具之兴古矣。《周官·方相氏》："掌蒙熊皮，黄金四目，玄衣，朱裳，执戈，扬盾。"似已为面具之始。《汉书·礼乐志》："朝贺置酒为乐，有常从象人四人，秦倡象人员三人。"孟康曰："象人，若今戏鱼、虾、师子者也。"韦昭曰："著假面具者也。"张衡《西京赋》："总会仙倡，戏豹舞罴，白虎鼓瑟，苍龙吹篪。"李善注曰："仙倡，伪作假形。谓如神也。罴豹、熊虎，皆谓假头也。"《颜氏家训·书证篇》："《文康》象庾亮。"《隋书·音乐志》："礼毕者，出于晋太尉庾亮家。亮卒后，其伎追思亮，因假为其面，执翳以舞，象其容，取其谥以号之，谓之为《文康乐》。"《旧唐书·音乐志》："大面，出于北齐。北齐兰陵王长恭，才武而面美，常著假面以对敌。"（《北齐书》及《北史》本传，不云假面，但云免胄示之面耳。）又云："《安乐》者，周武帝平齐所作也。舞者八十人，刻木为面，狗喙兽耳，以金饰之，垂线为发，画猭皮帽，舞蹈姿制犹作羌胡状。"是北朝与唐散乐中，固盛行面具矣。《宋史·狄青传》："常战安远，临敌，被发带铜面具，出入贼中。"而陆游《老学庵笔记》载："政和中大傩，下桂府进面具。比到，称一副。初讶其少，乃是以八百枚为一副，老少妍丑，无一相似者，乃大惊。"面具之见于载籍者，大略如此。其用诸散乐，始于汉之象人，而《文康乐》、代面戏、《安乐》踵之。宋之面具虽极盛于政和，而未闻用诸杂戏。盖由涂面既兴，遂取而代之欤？

余说三（涂面考）

涂面起于何世，今不可考。其见于载籍者，则《乐府杂录》云："后周士人苏葩，嗜酒落魄，自号中郎，每有歌场，辄入独舞。今为戏者，著绯戴帽，面正赤，盖状其醉也。"《教坊记》载《踏摇娘》与此略同。但云："北齐有人姓苏，齁鼻。"案《玉篇》云："魋，面疮也。"盖当时演此戏者，通作赤面，故《杂录》以为状其醉，《教坊记》以为其状魋鼻也。又温庭筠《乾𦠅子》载："陆象先为冯翊太守，参军等多名族子弟，以象先性仁厚，于是与府僚共约戏赌，（中略）一参军曰，（中略）吾能于使君厅前，墨涂其面，著碧衫子，作神，舞一曲慢趋而出。（中略）便为之，象先亦如不见。"（《太平广记》卷四百九十六引）则唐时舞人，固有涂面之事。至后唐庄宗，自傅粉墨称"李天下"（《五代史·伶官传》），则又在其后；宋时则五花爨弄，亦傅粉墨（见上）；又蔡攸侍曲宴，短衣窄袖，涂抹青红，杂倡优侏儒（《宋史·奸臣传》）：足为五采涂面之证。元则以黑点破其面者为花旦（见上）。至五采涂面，虽元时无闻，然唐宋既行，元固不能无之矣。

余说四（男女合演考）

歌舞之事，合男女为之，其风甚古。《乐记》云："今夫新乐，进俯退俯，奸声以乱，溺而不止，及优侏儒，獶杂子女。"孔疏："獶杂，谓猕猴也，言舞戏之时，状若猕猴；间杂男子妇人。言似猕猴，男女无别也。"自汉以后，殊无所闻。至隋唐之际，歌舞之伎渐变而为戏剧，而《踏摇娘》戏，以男子著妇人服为之（《教坊记》），此男女不合演之证。《旧唐书·高宗纪》："龙朔元年，皇后请禁天下妇人为俳优之戏，诏从之。"盖此时男优、女伎，各自为曹，不相杂也。开元以后，声乐益盛。《旧书志》云："玄宗于听政之暇，教太常乐工子弟三百人，为丝竹之戏。（中略）号为皇帝弟子，又云梨园弟子，（中略）太常又有别教院，（中略）廪食常千人，宫中居宜春院。"夫梨园弟子，既云乐工子弟，当系男子，而宜春院则尽妇人。《教坊记》云："妓女入宜春院，谓之内人，亦曰前头人，常在上前也。其家犹在教坊，谓之内人家。"盖唐时乐工，率举家隶太常，故子弟入梨园，妇女入宜春院。又各家互相嫁娶。《教坊记》云"筋斗裴承恩妹大娘善歌,兄以配竿木侯氏"是也。然则梨园、宜春院人,悉系家人姻戚,合作歌舞,亦意中事。故元稹《连昌宫辞》咏念奴歌曰:"飞上九天歌一声,二十五郎吹管逐。"至合演戏剧,惟上文"参军"条所引《云溪友议》一则近之,此外无他证也。宋初则教坊小儿舞队与女童舞队,各自为曹,亦各有杂剧。(《宋史·乐志》及《东京梦华录》。)惟《武林旧事》(卷六)载南宋杂剧色九十九人,内有慢星子、王双莲二人,注云"女流"。人数既少,不能自为一曹,则容有合演之事。然或《旧事》但举杂剧色之有名者,不必诸色尽于此也。元剧既兴,男优与女伎并行,如《青楼集》所载珠帘秀、工驾头、花旦、软末泥,又如赵偏惜、朱锦绣、燕山秀,皆云"旦末双全"。女子既兼旦、末,则亦各自为曹,不相混矣。又云:"宋六嫂与其夫台乐,妙入神品。"盖宋善讴,其未能传其父之艺(觱栗)。则合乐亦合奏之义,非合演戏剧也。盖宋元以后,男可装旦,女可为末,自不容有合演之事。或据宋六嫂事,谓元剧有男女合演者,殆不然矣。

录曲余谈

《东坡志林》云："八蜡，三代之戏礼也。岁终聚戏，此人情之所不能免也，因附以礼义。亦曰：不徒戏而已矣。祭必有尸，无尸曰奠，始死之奠与释奠是也。今蜡谓之祭，盖有尸也。猫虎之尸，谁当为之？非倡优而谁！葛带榛杖，以丧老物；黄冠草笠，以尊野服：皆戏之道也。子夏观蜡而不悦，孔子譬之曰：'一张一弛，文武之道。'盖为是也。"其言八蜡为戏礼甚当，唯不必倡优为之耳。

唐之傀儡戏，本以人演平城故事。段安节《乐府杂录》云：起于汉祖平城之围，乐家遂翻为戏，其引歌舞有郭郎者，发正秃，善优笑，闾里呼为郭郎。凡戏场，必在俳儿之首云云。故今曲调中有《憨郭郎》，词调中有《郭郎儿近拍》，皆以伶人之名名之也。宋之傀儡戏，则以傀儡演故事。吴自牧《梦粱录》所谓"傀儡敷衍烟粉、灵怪、铁骑、公案、史书、历代君臣将相故事，话本或讲史，或作杂剧"是也。周密《武林旧事》所载略同。则唐以人演傀儡，宋以傀儡演人，二者适相反。然《唐诗纪事》载明皇《傀儡吟》云："刻木牵丝作老翁，鸡皮鹤发与真同，须臾弄罢寂无事，还似人生一世中。"则唐时固已有此戏矣。

传奇一语，代异其义。唐裴铏《传奇》，乃小说家言，与戏曲无涉。《武林旧事》载诸色伎艺人，诸宫调传奇，有高郎妇、黄淑卿、王双莲、袁太道等；《梦粱录》亦云：说唱诸宫调，昨汴京有孔三传，编成传奇灵怪，入曲说唱。即王灼《碧鸡漫志》所谓"泽州孔三传者，首唱诸宫调古传，士大夫皆能诵之"者是也。则宋之传奇，当与今之弹词相似。至元尚有诸宫调之名，如石君实、戴善甫均有《诸宫调风月紫云亭》，钟嗣成编入杂剧中。又杨廉夫《元宫词》云："尸谏灵公演传奇，一朝传到九重知，奉宣赍与中书省，诸路都教唱此词。"案：《尸谏灵公》乃鲍天祐所撰杂剧，则元人以杂剧为传奇也。明中叶以后，传奇之名，专指南剧，以与北曲之杂剧相别。则此二字之义，凡四变矣。

陶九成《辍耕录》云："唐有传奇，宋有戏曲、唱诨、词说，金有院本、杂剧，诸公（当作宫）调。（案：九成此说误也。唐之传奇非戏曲，见上条。杂剧，宋辽皆有之，不自金始。唯院本之名始于金耳。）院本、杂剧，其实一也；国朝院本、杂剧，始厘而二之。"则元之院本与杂剧异。今元剧尚存百种，而院本则无一存，唯《水浒传》及明周宪王《吕洞宾花月神仙会》杂剧所载二则，尚足考见大概。兹录于下：

> 雷横径到勾栏里来，（中略）看看戏台上，却做笑乐院本。院本下来，只见一个老儿，裹着磕额儿头巾，穿着一领茶褐罗衫，系一条皂绦，拿把扇子，上来开科，道："老汉是东京人氏白玉乔的便是，如今年迈，只凭女儿秀英歌舞吹弹，普天下伏侍看官。"锣声响处，那白秀英早上戏台，参拜四方，拈起锣棒，如撒豆般点动；拍下一声界方，念出四句七言诗，道："新鸟啾啾旧鸟归，老羊羸瘦小羊肥，人生衣食真难事，不及鸳鸯处处飞。"（中略）那白秀美道："今日秀英招牌上明写著这场话本，是一段风流蕴藉的格范，唤做《豫章城双渐赶苏卿》。"说了开话，又唱，唱了又说。（中略）那白秀英唱到务头，这白玉乔按喝道："虽无买马博金艺，要动聪明鉴事人。看官喝采已过去了，我儿且下来。"这一回便是衬交鼓儿的院本。

周宪王杂剧中记院本一段，盖至明初犹有存者。曰：

　　净同捷讥、副末、末泥上，相见了，做《长寿仙献看添寿》院本上。捷云："歌声才住。"末泥云："丝竹暂停。"净云："俺四人佳戏向前。"副末云："道甚清才谢乐？"捷云："今日双秀士的生日，你一人要一句添寿的诗。"捷先云："桧柏青松常四时。"副末云："仙鹤仙鹿献灵芝。"末泥云："瑶池金母蟠桃宴。"净云："都活一千八百万。"副末打云："这言语不成文章，再说。"（下略。）

　　下尚有滑稽语，且各唱《醉太平》一曲而毕。则院本之制，较之杂剧简甚。且尚有古代鹘打参军之遗。此外殊无可考见也。

　　《东京梦华录》《武林旧事》所载大宴礼节，杂剧之外，凡弄傀儡、踢架儿诸杂艺，亦属教坊，宴时并用之。明顾起元《客座赘语》谓："南都万历以前，大席则用教坊打院本（此谓元之杂剧），乃北曲四大套者，中间错以撮垫圈、舞观音，或百丈旗，或跳队。"可知明时此风犹有存者矣。

　　罗马医学大家额伦谓，人之气质有四种：一热性，二冷性，三郁性，四浮性也。我国剧中脚色之分，隐与此四种合。大抵净为热性，生为郁性，副净与丑或浮性而兼冷性，或浮性而兼热性，虽我国作戏曲者尚不知描写性格，然脚色之分则有深意义存焉。

　　《辍耕录》云："副净，古谓之参军。"《乐府杂录》所谓黄幡绰、张野狐弄参军是也。《东京梦华录》载内宴杂剧，凡勾队、问队、遣队之事，皆参军色主之。则参军似是教坊色长之类。《梦华录》又谓参军色执竹竿子，故史浩《鄮峰真隐漫录》所载大曲，直谓之竹竿子。然副净之名，北宋固已有之，黄山谷《鼓笛令》词云"副靖传语木大，鼓儿里且打一和"是也。后世脚色之名，此为最古。旦之名,始见于南宋官本杂剧目及金人院本名目。末泥始见于《武林旧事》及《梦粱录》。若生、丑、外、贴,第则更为后起之名矣。

"副靖传语木大",木大,疑亦脚色之名。金院本名目有《呆木大》,恐即《朝野佥载》所谓高崔嵬善弄痴大者也。

胡元瑞《少室山房笔丛》所考脚色甚多疏误。兹将见于古籍之脚色名目,列为一表如下:

古名	武林旧事	梦粱录	辍耕录	太和正音谱	今名
	戏头	末泥(《梦粱录》云"末泥为长",则末泥即戏头也。)	末泥	正末(当场男子也)	生
	引戏(《太和正音谱》云:引戏,院本中狙也)	引戏	引戏	狙(当场妓女也)	旦
参军、副靖、竹竿子	次净		副净	靓	净
苍鹘	副末	副末	副末	副末	末
		装孤	孤装	孤	
	装旦		(元曲中有搽旦,明有外旦皆是)		花旦
				鸨(元曲中谓之卜儿)	老旦
				捷讥	
痴大、木大					

元初名公,喜作小令套数。如刘仲晦(秉忠)、杜善夫(仁杰)、杨正卿(果)、姚牧庵(燧)、庐疏斋(挚)、冯海粟(子振)、贯酸斋(小云石海涯)等,皆称擅长,然不作杂剧。士大夫

之作杂剧者,唯白兰谷(朴)耳。此外杂剧大家,如关、王、马、郑等,皆名位不著,在士人与倡优之间,故其文字诚有独绝千古者,然学问之弇陋与胸襟之卑鄙,亦独绝千古。戏曲之所以不得与于文学之末者,未始不由于此。至明,而士大夫亦多染指戏曲。前之东嘉,后之临川,皆博雅君子也;至国朝孔季重、洪昉思出,始一扫数百年之芜秽,然生气亦略尽矣。

元曲家中有与同时人同姓名者,以余所知,则有三白贲,三李好古,二刘时中,二赵天锡,二马致远,二秦简夫,二张鸣善,二贾仲明。白贲,一汴人,自号决寿老人,自上世以来至其孙渊,俱以经术著名。见元好问《中州集》。一隩州人,文举(华)之兄,而仁甫(朴)之伯父也。见元遗山《善人白公墓表》。一钱唐人,字无咎,白珽之子。今白珽《湛渊遗稿》有题子贲《折枝牡丹》诗。此即制曲之白无咎也。李好古,其一保定人,或云西平人,即制《张生煮海》杂剧者,见钟嗣成《录鬼簿》。其二,皆宋末元初人,一作《碎锦词》者,一字敏仲,见赵闻礼《阳春白雪》。刘时中,一《元史·世祖本纪》,以刘时中为宣慰使,安辑大理。一号逋斋,南昌人,官至翰林学士,有散曲载杨朝英《阳春白雪》中。世祖武臣有赵天锡,冠氏人,《元史》有传。制曲之赵天锡,则汴人,《辍耕录》载宛邱赵天锡为吾丘衍买妾事,或即其人也。马致远,一大都人,即东篱。一金陵人,马琬文璧之父,见张以宁《翠屏集》。秦简夫,一名略,陵川人,与元遗山同时而辈行较长。一即制曲之秦简夫,《录鬼簿》所谓在都下擅名,近岁来杭者也。张鸣善,一见王逢《梧溪集》,名择,平阳人,官江浙提学,谢病隐居吴江。《录鬼簿》亦有张鸣善,扬州人,宣慰司令史,则制曲者也。贾仲明,《太和正音谱》以为明初人,然吴师道《礼部诗话》云:阎于静初挟其乡人书,至京谒贾仲明。则元时又有一贾仲明矣。曲家名位不著,难以钩稽,往往如此。

曲家多限于一地。元初制杂剧者,不出燕齐晋豫四省,而燕人又占十之八九。中叶以后，则江浙人代兴，而浙人又占十之七八。即北人如郑德辉、乔梦符、曾瑞卿、秦简夫、钟丑斋辈，皆吾浙寓公也。至南曲，则为温州人所擅。宋末之《王魁》、元末之《琵琶》，皆永嘉人作也。又叶文庄《菉竹堂书目》有《永嘉韫玉传奇》，亦元末明初人作。至明中叶以后，制传奇者，以江浙人居十之七八，而江浙人中，又以江之苏州，浙之绍兴居十之七八。此皆风习使然，不足异也。

世以南曲为始于《琵琶记》，非也。叶子奇《草木子》谓："元朝南戏盛行，及当乱，北院本特盛。"《录鬼簿》谓：南北合腔，自沈和甫始。是为元时已有南曲之证。且《南词定律》引明钮少雅《曲谱》，有元传奇《林招得》、元传奇《苏小卿》、元传奇《瓦窑》等，虽明人之书，未必可据，然亦足与叶、钟二说相发明也。又祝允明《猥谈》谓："南戏出于宣政之际，南渡后谓之温州杂剧。"则未详其说所本。

戏曲之存于今者，以《西厢》为最古，亦以《西厢》为最富。宋赵德麟（令畤）始以商调《蝶恋花》十二阕，谱《会真记》事。南宋官本杂剧段数有《莺莺六么》一本，金则有董解元之《弦索西厢》，元则有王实父、关汉卿之《北西厢》，明则陆天池（采）、李君实（日华）均有《南西厢》，周公望（公鲁）有《翻西厢》，国朝则查伊璜（继佐）有《续西厢》，周果庵（坦纶）有《锦西厢》，又有研雪子之《翻西厢》，叠床架屋，殊不可解。

施愚山（闰章）《矩斋杂记》云：传奇《荆钗记》，丑诋孙汝权。案：汝权，宋名进士，有文集，尚气谊，王梅溪先生好友也。梅溪劾史浩八罪，汝权怂恿之，史氏切齿，故人传奇，谬其事以污之。温州周天锡，字懋宠，尝辨其诬，见《竹懒新著》。则《荆钗》似亦出于宋人杂剧，不独《西厢》《琵琶》然也。

胡元瑞谓：韩苑洛以关汉卿比司马子长，大是词场猛诨。余谓汉卿诚不足道，然谓戏曲之体卑于史传，则不敢言。意大利人之视唐旦，英人之视狭斯丕尔，德人之视格代，较吾国人之视司马子长抑且过之。之数人曷尝非戏曲家耶！

余于元剧中得三大杰作焉：马致远之《汉宫秋》、白仁甫之《梧桐雨》、郑德辉之《倩女离魂》是也。马之雄劲，白之悲壮，郑之幽艳，可谓千古绝品。今置元人一代文学于天平之左，而置此二剧于其右，恐衡将右倚矣。

汤若士《还魂记》，世或云刺昙阳子而作。昙阳子者，太仓王文肃公（锡爵）之次女，学道，不嫁而卒。王元美为作传，所谓昙阳菩萨者也。文肃，若士座主也。故蒋心余《临川梦》责若士曰："毕竟是桃李春风旧门墙，怎好将帏簿私情向笔下扬。他平生罪孽这词章。"顾不审昙阳受谤之事。嗣读彭二林《一行居集》云：世之谤昙阳者不一，捕风捉影，久成冤狱，冯子伟人夙慕仙踪，萃当时传记诗文，都为一集，又得昙阳弟衡手书，述家奴造谤始末，公案确然。然尚未审其得何谤也！近阅长沙杨恩寿《词余丛话》详载此事（但不知采自何书），曰"昙阳子死数年，有鄞人娄姓者，以风水游吴越间，妻慧美有艺能，且操吴音，蓄赀甚富，捕者迹之亟，度不可脱，则曰：我太仓王姓也。于是讹然谓昙阳复生矣！时文肃父子俱在朝，以族人司家事，亟召娄夫妇。族人向未见昙阳，莫能辨，有老仆谛视良久，忽省曰：汝非二爷房中某娘乎？始惶恐伏罪。当海内哄传之时，若士遽采风影之谈，填成艳曲"云云。然余谓此说不然。若士撰此曲时，正在太仓，正为文肃而作，又在文肃家居之后，决不作此轻薄事。江熙《扫轨间谈》云：王文肃家居，闻汤义仍到娄东，流连数日，不来谒，径去，心甚异之，乃遣人暗通汤从者，以觇汤所为。汤于路日撰《牡丹亭》，从者亦日窃写以报。逮成，袖以示文肃，文肃曰：吾获见久矣。又《静志居诗话》亦云：《牡丹亭》初出，太仓相君实先令家乐演之，且云，吾老年人，近颇为此曲惆怅。合此二书观之，则刺昙阳之说，不攻自破矣。

无名氏《传奇汇考》谓，《牡丹亭》言外，或别有寄寓。初隆庆时，总督王崇古招俺答来降，封为顺义王；其妻三娘子封忠顺夫人。由是总督之缺，为时所慕。自方逢时、吴兑以后，其权愈重。称曰经略。侍郎郑洛，保定安肃人也，心欲得之；广西蒋遵箴为文选郎中，闻郑女甚美，使人谓曰：以女嫁我，经略可得也。郑以女嫁之，果得经略，而其女远别。洛妻痛哭诟洛，洛亦流涕。张江陵闻之笑曰：郑范溪（洛别字）涕出而女于吴。杜安抚者，盖指洛为经略也。岭南柳梦梅者，遵箴广西人，故曰岭南也。柳梦梅讥杜宝云"你只哄得杨妈妈退兵"者，洛等前后为经略，皆结纳三娘子，三娘子能箝制俺答，又能约束蒙古，故以平得李半饥之也。陈最良语李全妻云："欲讨金子，皆来宋朝取用。"时吴兑以金帛结三娘子，遗百凤裙等，服饰甚众，洛亦可知，故云然也。柳梦梅姓名中有两木字，时丁丑科状元沈懋学、庚辰科状元张懋修、癸未科榜眼李廷机，皆有两木字。柳梦梅对策言"能战而后能守，能守而后能和"，宋时虽已有此语，然其影借者高丽之役，兵部侍郎进战、守、封三策，言能战而后能守，能守而后能封，与此语正合也，云云。附会殊切，似属明人之言。然此《记》即影射时事，犹其第二义；其大恉，则义仍《牡丹亭·自序》尽之矣。

义仍应举时，拒江陵之招，甘于沈滞；登第后，又抗疏劾申时行，不肯讲学；又不附和王、李，在明之文人中，可谓特立独行之士矣。

明姚叔祥（士粦）《见只编》云："余尝见吾盐名画张纪临元人《太宗强幸小周后》粉本，有元人题云：'江南胜得李花开，也被君王强折来。怪底金风冲地起，禁园红紫满龙堆。'"盖以靖康为报也。又有宋人《尝（此字疑误）后图》上，有题曲云："南北惊风，汴城吹动，吹出宫花鲜董董。泼蝶狂蜂不珍重，弃雪拼香，无处著这面孔。一综儿是清风镇的样子，这将军是报粘罕的孟珙。"案，孟珙克蔡时，哀宗后妃均尚在汴。汴为元师所克，无与珙事。此图此曲，必亡宋遗民所为。可谓怒于室而作色于市者矣。

小周后事见龙衮《江南野史》，王铚《默记》尝引之。

世多病臧晋叔（懋循）刻《元曲选》，多所改窜；以余所见钱塘丁氏嘉惠堂所藏明初钞本郑廷玉《楚昭王疏者下船》杂剧，谬误拙劣，不及《元曲选》本远甚。盖元剧多遭伶人改窜，久失其真。晋叔所刊，出于黄州刘延伯所得御戏监本，其序已云与今坊本不同。后人执坊本及《雍熙乐府》所选者而议之，宜其多所抵牾矣。

元人杂剧存于今者，只《元曲选》百种，此外如《元人杂剧选》《古名家杂剧》所刻元曲，出于《元曲选》外者，不及十种。且此二书，亦已久佚，唯《雍熙乐府》中尚存丛残折数，然有曲无白，亦难了其意义矣。所存别本，亦只《疏者下船》一种，澹生堂、也是园所藏，竟无一本留于人世者。设无晋叔校刻，今人殆不能知元剧为何物矣。

顷得《盛明杂剧》初集三十种，乃武林沈泰林宗所编，前有张元徵、程羽文二序，张序题崇祯己巳仲春，盖其书刊于是岁也。所载均明代名人之作，然已失元剧规模，间杂以南曲，亦有仅用一折者。

《雍熙乐府》提要云："旧本题海西广氏编。"余所见嘉靖庚子、丙寅二本，均无编者姓名。《曹栋亭书目》则云：苍崖郭□辑，而失其名。今阅日本毛利侯《草月楼书目》，始知为郭勋所辑也。勋，明武定侯郭英曾孙，正德初嗣侯，嘉靖中以议大礼，功进翊国公，加太师。后坐罪下狱死。史称其桀黠有智数，颇涉书史，则此书必勋所辑也。《明史》附见《英传》。

己酉夏，得明季文林阁所刊传奇十种。中梁伯龙《浣纱记》末折，与汲古阁刻本颇异，细审之，乃借用汪伯玉（道昆）《五湖游》杂剧也。此外《易鞋记》六种，在毛刻六十种外，中有似弹词者，殆弋阳、海盐腔也。

今秋，观法人伯希和君所携敦煌石室唐人写本，伯君为言新得明汪廷讷《环翠堂十五种曲》，惜已束装，未能展视。此书已为巴黎国民图书馆所有，不知即《澹生堂书目》著录之《环翠堂乐府》否也？

《传奇汇考》，不知何人所作。去岁中秋，余于厂肆得六册。同时黄陂陈士可参事（毅）亦得四册。互相抄补，共成十册，已著之《曲录》卷六。今秋，武进董授经推丞（康）又得六巨册，殆当前此十册之三倍，均系一手所抄；叙述及考证甚详，然颇病芜陋耳。

　　焦里堂先生（循）《曲考》一书，见于《扬州画舫录》，闻其手稿，为日本辻君武雄所得。遗书索观后，知焦氏后人自邵伯携书至扬州，中途舟覆，死三人，而稿亦失。里堂先生于此事用力颇深，一旦湮没，深可扼腕。

　　元人杂剧，佚者已不可睹。今春，陈士可参事于钱唐丁氏藏书中，购得明周宪王杂剧六种：一、《张天师明断辰钩月》，二、《吕洞宾花月神仙会》，三、《群仙庆寿蟠桃会》，四、《紫阳仙三度常椿寿》，五、《瑶池会八仙庆寿》，六、《东华仙三度十长生》，皆宣德间刻本。宪王颇有词名，然曲文庸熟，亦如宋人寿词矣。

　　宪王《诚斋乐府》七册，见明朱灌甫（睦㮮）《万卷堂书目》，其所另编之《聚乐堂书目》作十册。而吾乡汪氏《振绮堂书目》有《诚斋乐府》十册，注云"元本"；又云"宋杨万里撰"。余案：《杨诚斋集》小词不出十余阕，决无十册之理。此十册殆即《万卷堂》《聚乐堂》听著录者。又误视明初刻本为元本耳。

　　钱遵王、黄尧圃，学问胸襟嗜好，约略相似；同为吴人，又同喜搜罗词曲。遵王也是园所藏杂剧，至三百余种，多人间希见之本。复翁所居，自拟李中麓"词山曲海"，有"学山海居"之目。然其藏曲之见于题跋者，仅元本《阳春白雪》、明杨仪部《南峰乐府》数种，尚不敌其藏词之精且富也。

　　曲之为体既卑，为时尤近，学士大夫论之者颇少。明则王元美《曲藻》，略具鉴裁；胡元瑞《笔丛》，稍加考证。臧晋叔、何元朗虽以知音自命，然其言殊无可采。国朝唯焦里堂《簋录》，可比《少室》；融斋《艺概》，略似《弇州》。若李调元《曲话》、杨恩寿《词余丛话》等，均所谓不知而作者也。

优语录

　　元钱唐王晔日华，尝撰《优谏录》，杨维桢为之序，顾其书不传。余览唐宋传说，复辑优人戏语为一篇；顾辑录之意，稍与晔殊。盖优人俳语，大都出于演剧之际，故戏剧之源，与其迁变之迹，可以考焉；非徒其辞之足以裨阙失、供谐笑而已。吕本中《童蒙训》云："作杂剧，打猛诨人，却打猛诨出。"吴自牧《梦粱录》谓："杂剧全托故事，务在滑稽。"洪迈《夷坚志》谓："俳优侏儒，周伎之最下且贱者，然亦能因戏语而箴谏时政，世目为杂剧。"然则宋之杂剧，即属此种。是录之辑，岂徒足以考古，亦以存唐宋之戏曲也。若其囿于闻见，不遍不赅，则俟他日补之。宣统改元冬十月海宁王国维识。

　　侍中宋璟疾负罪而妄诉不已者，悉付御史台治之。谓中丞李谨度曰："服不更诉者，出之；尚诉不已者，且系。"由是人多怨者。会天旱，有优人作魃状，戏于上前。上问魃："何为出？"对曰："奉相公处分。"又问："何故？"曰："负冤者三百余人，相公悉以系狱抑之，故魃不得不出。"明皇心以为然。（《资治通鉴》。）

　　相传玄宗尝令左右，提优人黄幡绰入池水中复出，幡绰曰："向见屈原笑臣，尔遭逢圣明，何遽至此？"（段成式《酉阳杂俎续集》。）据《朝野佥载》，散乐高崔嵬，善弄痴大，帝令没首水底，少顷，出而大笑，上问之，曰："臣见屈原谓臣云：'我遇楚怀无道，汝何事亦来耶？'"帝不觉惊起，赐物百段。

　　咸通中，优人李可及者滑稽谐戏，独出辈流。虽不能托讽匡正,然智巧敏捷,亦不可多得。尝因延庆节,缁黄讲论毕,次及倡优为戏。可及乃儒服险巾,褒衣博带,摄齐以升崇坐,自称"三教论衡"。其隅坐问曰:"既言博通三教,释迦如来是何人?"曰:"是妇人。"问者惊曰:"何也?"对曰:"《金刚经》云,'敷坐而坐'。或非妇人,何烦夫坐,然后儿坐也。"上为之启齿。又问曰:"太上老君何人也?"对曰:"亦妇人也。"问者益所不喻。乃曰:"《道德经》云,吾有大患,是吾有身,及吾无身,吾复何患。倘非妇人,何患乎有娠乎?"上大悦。又曰:"文宣王何人也?"对曰:"妇人也。"问者曰:"何以知之?"对曰:"《论语》云,沽之哉!沽之哉!吾待贾者也。向非妇人,待嫁奚为?"上意极欢,宠锡甚厚。翌日,授环卫之员外职。(高彦休《唐阙史》。)

僖宗皇帝好蹴鞠、斗鸡为乐,自以能于步打,谓俳优石野猪曰:"朕若作步打进士举,亦合得状元?"野猪对曰:"或遇尧、舜、禹、汤作礼部侍郎,陛下不免且落第。"帝笑而已。(孙光宪《北梦琐言》。)

光化中,朱朴自《毛诗》博士登庸,恃其口辩,可以立致太平。由藩邸引导,闻于昭宗,遂有此拜。对敭之日,面陈时事数条。每言:"臣必为陛下致之。"洎操大柄,无所施展,自是恩泽日衰,中外腾沸。内宴日,俳优穆刀陵作念经行者,至御前曰:"若是朱相,即是非相。"翌日出官。(同上。)

刘仁恭之军为汴帅败于内黄,尔后汴帅攻燕,亦败于唐河。他日命使聘汴,汴帅开宴,俳优戏医病人以讥之。且问:"病状内黄,以何药可瘥?"其聘使谓汴帅曰:"内黄,可以唐河水浸之,必愈。"宾主大笑。(同上。)

天复元年,凤翔李茂贞入觐。翌日,宴于寿春殿,茂贞肩舆,衣驼褐,入金銮殿,易服赴宴,咸以为前代跋扈,未有此也。先是,茂贞入阙,焚烧京城。是宴也,俳优安辔新,号茂贞为"火龙子"，茂贞惭惕，俯首。宴罢有言："他日须斩此优！"辔新闻之，请假往凤翔求救。茂贞遥见，诟之曰："此优穷也！何为敢来？"对曰："只要起居，不为求救，近日京中，且卖麸炭，可以取济。"茂贞大笑，而厚赐赦之也。（同上。）

唐昭宗时，财用窘乏，李茂贞令榷油以佐军需。俄有司言："官油沽卖不行，多为诸门放入松明挼夺，乞行禁止。"盖民间然松明为灯故也。优人张廷范曰："此事大好。更有一例：便可并月明禁之。"茂贞大笑，松明之禁遂止。（陈耀文《天中记》引《易斋笑林》。）

唐庄宗既好俳优，又知音，能度曲。至今汾晋之俗，往往能歌其声，谓之御制者，皆是也。其小字亚子，当时人或谓之亚次，又为优名，以自目曰李天下。自其为王，至于为天子，常身与俳优杂戏于庭。伶人由此用事，遂至于亡。皇后刘氏，素微，其父刘叟，卖药善卜，号刘山人。刘氏性悍，方与诸姬争宠，常自耻其家世，而特讳其事。庄宗乃为刘叟衣服，自负蓍囊、药箧，使其子继岌提破帽而随之，造其卧内，曰：刘山人来省女。刘氏大怒，笞继岌而逐之。宫中以此为笑乐。（《五代史·伶官传》。）

庄宗好田猎，猎于中牟，践民田。中牟县令当马切谏，为民请。庄宗怒，叱县令去，将杀之。伶人敬新磨知其不可，乃率诸伶走追县令，擒至马前，责之曰："汝为县令，独不知吾天子好猎邪？奈何纵民稼墙，以供税赋？何不饥汝县民，而空此地，以备吾天子之驰骋。汝罪当死！"因前请亟行刑，诸伶共倡和之。庄宗大笑，县令乃得免去。庄宗尝与群优戏于庭，四顾而呼曰："李天下，李天下何在？"新磨遽前，以手批其颊。庄宗失色，左右皆恐，群伶亦大惊骇，共持新磨诘曰："汝奈何批天子颊？"新磨对曰："李天下者，一人而已，复谁呼邪？"于是左右皆笑。庄宗大喜，赐与新磨甚厚。新磨尝奏事殿中，殿中多恶犬，新磨去，犬起逐之。新磨倚柱呼曰："陛下毋纵儿女啮人。"庄宗家世夷狄，夷狄之人讳言狗，故新磨以是讥之。庄宗大怒，弯弓注矢将射之。新磨急呼曰："陛下无杀臣，臣与陛下为一体，杀之不祥。"庄宗大惊，问其故。对曰："陛下开国，改元同光，天下皆谓陛下'同光帝'。且'同'，'铜'也，若杀敬新磨，则同无光矣。"庄宗大笑，乃释之。然时诸伶，独新磨尤善俳，其语最著，而不闻其他过恶。（同上。）

王延彬独据建州，称伪号。一旦大设，伶官作戏，辞云："只闻有泗州和尚，不见有五县天子。"（钱易《南部新书》。）

祥符、天禧中，杨大年、钱文僖、晏元献、刘子仪以文章立朝，为诗皆宗李义山，后进多窃义山语句。尝内宴，优人有为义山者，衣服败裂，告人曰："吾为诸馆职挦扯至此。"闻者欢笑。（刘攽《中山诗话》。）

仁宗时，赏花钓鱼宴赋诗，往往宿制。天圣中，永兴军进山水石，因令赋山水石歌，出于不意，多荒恶。中坐，优人入戏，各执纸笔，若吟诗状。一人忽仆入石上，曰："数日来作赏花钓鱼诗，准备应制，却被这石头擦倒。"明日降出诗，令中书铨定，内鄙恶者与外任。（《天中记》引《东斋记事》。）

潞公谓温公曰："吾留守北京，遣人入大辽侦事，回云，见辽主大宴群臣，伶人剧戏，作衣冠者，见物必攫取怀之。有从其后以梃朴之者，曰：'司马端明邪？'君实清名，在夷狄如此。"温公愧谢。（邵伯温《闻见前录》。）

孔道辅奉使契丹，契丹宴使者，优人以文宣王为戏，道辅艴然径出。契丹使主客者，邀道辅还坐，且令谢之。道辅正色曰："中国与北朝通好，以礼文相接，今俳优之徒，侮慢先圣而不之禁，北朝之过也。道辅何谢！"契丹君臣默然。（《宋史·孔道辅传》。）

罗衣轻，不知其乡里，滑稽通变，一时谐谑，多所规讽。兴宗败于李元昊也，单骑突出，几不得脱。先是，元昊获辽人，辄劓其鼻,有奔北者,惟恐追及,故罗衣轻止之曰:"且观鼻在否。"上怒,以氂索系帐后,将杀之,太子笑曰:"打诨底不是黄幡绰。"罗衣轻应声曰:"用兵底亦不是唐太宗。"上闻而释之。上尝与太弟重元狎昵,宴酣,许以千秋万岁后传位,重元喜甚,骄纵不法。又因双陆,赌以居民城邑,帝屡不竞,前后已偿数城。重元既恃梁孝王之宠,又多郑叔段之过,朝臣无敢言者,道路以目。一日复赌,罗衣轻指其局曰:"双陆休痴,和你都输去也。"帝始悟,不复戏。清宁间以疾卒。(《辽史·伶官传》。)

熙宁初,王丞相介甫既当轴处中,而神庙方赫然一切委听。号令骤出,但于人情,适有所离合,于是故臣名士,力争其不可,且多被黜降,后来者乃寝结其舌矣。当是时,以君相之威权而不能有所帖服者,独一教坊使丁仙现耳。丁仙现,人但呼之曰丁使。丁使遇介甫法制适一行,必因燕设,于戏场中乃更作为嘲诨,肆其诮难,辄为人笑传。介甫不堪,然无如何也!因触王怒,必欲斩之,神宗乃密诏二王,取丁仙现匿诸王所。二王者,神庙之两爱弟也,故一时谚语:"有台官不如伶官。"(蔡絛《铁围山丛谈》。)

顷有秉政者,深被眷倚,言事无不从。一日御宴,教坊杂剧:为小商,自称姓赵名氏,以瓦瓿卖沙糖。道逢故人,喜而拜之。伸足误踏瓿倒,糖流于地。小商弹指叹息曰:"甜采,你即溜也,怎奈何?"左右大笑。俚语以王姓为甜采。(此恐指介甫。见王辟之《渑水燕谈录》。)

元丰中,神宗仿汉原庙之制,增筑景灵宫。先于寺观,迎诸帝后御容,奉安禁中,涓日,以次备法驾羽卫前导,赴宫观者夹路,鼓吹振作。教坊使丁仙现舞,望仁宗御像,引袖障面,若挥泪者。都人父老皆泣下。呜呼,帝之德泽在人深矣。(邵伯温《闻见前录》。)

东坡先生近令门人作《人不易物赋》(物为一,人轻重也),或戏作一联曰:"伏其几而袭其裳,岂为孔子;学其书而戴其帽，未是苏公。"（士大夫近年仿东坡桶高檐短帽，名曰："子瞻样。"）荐因言之。公笑曰："近扈从醴泉观，优人以相与自夸文章为戏者，一优丁仙现曰：'吾之文章，汝辈不可及也。'众优曰：'何也？'曰：'不见吾头上子瞻乎！'"上为解颜，顾公久之。（李荐《师友谈记》。）

丁仙现自言：及见前朝老乐工，间有优诨及人所不敢言者，不徒为谐谑，往往因以达下情。故仙现亦时时效之。非为优戏，则容貌俨然，如士大夫。（叶梦得《避暑录话》。）

元祐中，上元，驾幸迎祥池，宴从臣。教坊伶人以先圣为戏。刑部侍郎孔宗翰（即道辅之子）奏："唐文宗时，尝有为此戏，诏斥去之。今圣君宴犒群臣，岂宜尚容有此！"诏付检官置于理。或曰："此细事，何足言！"孔曰："非尔所知。天子春秋鼎盛，方且尊德乐道，而贱伎乃尔亵慢，纵而不治，岂不累圣德乎？"闻者羞惭叹服。（《渑水燕谈录》。）

宣和中，童贯用兵燕蓟，败而窜。一日内宴，教坊进伎，为三四婢，首饰皆不同。其一当额为髻，曰"蔡太师家人也"；其二髻偏坠，曰"郑太宰家人也"；又一人满头为髻如小儿，曰"童大王家人也"。问其故。蔡氏者曰："太师觐清光，此名朝天髻。"郑氏者曰："吾太宰奉祠就第，此懒梳髻。"至童氏者，曰："大王方用兵，此三十六髻也。"（周密《齐东野语》。）

宣和间，钧天乐部焦德者，以谐谑被遇，时借以讽谏。一日，从幸禁苑，指花竹草木，以询其名，德曰："皆芭蕉也。"上诘之，乃曰："禁苑花竹，皆取于四方，在途之远，巴至上林，则已焦矣。"上大笑。（周煇《清波杂志》。）

蔡卞之妻七夫人，颇知书，能诗词。蔡每有国事，先谋之于床笫，然后宣之于庙堂。时执政相语曰："吾辈今日所奉行者，皆其咳唾之余也。"蔡拜右相，家宴张乐，伶人扬言曰："右丞今日大拜，都是夫人裙带。"讽其官职自妻而致，中外传以为笑。（同上。）

俳优侏儒，周伎之最下且贱者，然亦能因戏语而箴讽时政，有合于古矇诵工谏之义，世目为杂剧者是也。崇宁初，斥远元祐忠贤，禁锢学术，凡偶涉其时所为所行，无论大小，一切不得志。伶者对御为戏：推一参军作宰相，据坐，宣扬朝政之美。一僧乞给公据游方，视其戒牒，则元祐三年者，立涂毁之，而加以冠巾。一道士失亡度牒，闻披戴时，亦元祐也，剥其羽服，使为民。一士人以元祐五年获荐，当免举，礼部不为引用，来自言，即押送所属屏斥。已而，主管宅库者附耳语曰："今日在左藏库，请相公料钱一千贯，尽是元祐钱，合取钧旨。"其人俯首久之，曰："从后门搬入去。"副者举所梃杖其背，曰："你做到宰相，元来也只要钱！"是时，至尊亦解颜。（洪迈《夷坚志》丁集。）

蔡京作宰，弟卞为元枢。卞乃王安石婿，尊崇妇翁。当孔庙释奠时，跻于配享而封舒王。优人设孔子正坐，颜、孟与安石侍侧。孔子命之坐，安石揖孟子居上，孟辞曰："天下达尊，爵居其一，轲仅蒙公爵，相公贵为真王，何必谦光如此！"遂揖颜曰："回也陋巷匹夫，平生无分毫事业，公为命世真儒，位貌有间，辞之过矣。"安石遂处其上。夫子不能安席，亦避位。安石惶惧拱手云："不敢。"往复未决。子路在外，情愤不能堪，径趋从祀堂，挽公冶长臂而出。公冶为窘迫之状，谢曰："长何罪？"乃责数之曰："汝全不救护丈人，看取别人家女婿。"其意以讥卞也。时方议升安石于孟子之右，为此而止。（同上。）

又尝设三辈为儒、道、释，各称颂其教。儒者曰："吾之所学，仁义礼智信，曰五常。"遂演畅其旨，皆采引经书，不杂媟语。次至道士，曰："吾之所学，金木水火土，曰五行。"亦说大意。末至僧，僧抵掌曰："二子腐生常谈，不足听；吾之所学，生老病死苦，曰五化。《藏经》渊奥，非汝等所得闻，当以现世佛菩萨法理之妙，为汝陈之。盍以次问我？"曰："敢问生？"曰：

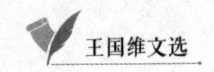

"内自太学辟雍,外至下州偏县,凡秀才读书者,尽为三舍生。华屋美馔,月书季考,三岁大比,脱白挂绿,上可以为卿相。国家之于生也如此。"曰:"敢问老?"曰:"老而孤独贫困,必沦沟壑,今所在立孤老院,养之终身。国家之于老也如此。"曰:"敢问病?"曰:"不幸而有疾,家贫不能拯疗,于是有安济坊,使之存处,差医付药,责以十全之效。其于病也如此。"曰:"敢问死?"曰:"死者,人所不免,唯贫民无所归,则择空隙地,为漏泽园。无以敛,则与之棺,使得葬埋;春秋享祀,恩及泉壤。其于死也如此。"曰:"敢问苦?"其人瞑目不应,阳若恻悚然。促之再三,乃蹙额答曰:"只是百姓一般受无量苦。"徽宗为恻然长思,弗以为罪。(同上。)

崇宁二年,铸大钱。蔡元长建议,俾为折十。民间不便。优人因内宴,为卖浆者,或投一大钱,饮一杯,而索偿其余。卖浆者对以方出市,未有钱,可更饮浆。乃连饮至于五六,其人鼓腹曰:"使相公改作折百钱,奈何!"上为之动。法由是改。又,大农告乏,时有献廪俸减半之议。优人乃为衣冠之士,自冠带衣裾,被身之物,辄除其半。众怪而问之,则曰:"减半。"已而,两足共穿半袴,蹩而来前。复问之,则又曰:"减半。"乃长叹曰:"但知减半,岂料难行。"语传禁中,亦遂罢议。(曾敏行《独醒杂志》。)

伪齐刘豫,既僭位,大飨群臣。教坊进杂剧。有处士问星翁曰:"自古帝王之兴,必有受命之符,今新主有天下,抑有嘉祥美瑞以应之乎?"星翁曰:"固有之。新主即位之前一日,有一星聚东井,真所谓符命也。"处士以杖击之,曰:"五星,非一也,乃云聚耳。一星,又何聚焉?"星翁曰:"汝固不知也。新主圣德,比汉高祖只少四星儿里。"(沈作喆《寓简》。)

绍兴初,杨存中在建康,诸军之旗中有双胜交环,谓之"二圣环",取两宫北还之意。因得美玉,琢成帽环,进高庙日尚御裹。

偶有伶者在旁，高庙指环示之："此环杨太尉进来，名二圣环。"伶人接奏曰："可惜二圣环只放在脑后。"高宗亦为之改色。所谓"工执艺事以谏"。（张端义《贵耳集》。）

秦桧以绍兴十五年四月丙子朔，赐第望仙桥；丁丑，赐银绢万匹两，钱千万，彩千缣。有诏："就第赐燕，假以教坊优伶。"宰执咸与。中席，优长诵致语，退。有参军者，前，褒桧功德，一伶以荷叶交倚从之。诙语杂至，宾欢既洽，参军方拱揖谢，将就倚，忽坠其幞头，乃总发为髻，如行伍之巾；后有大巾镮，为双叠胜。伶指而问曰："此何镮？"曰："二胜镮。"遽以朴击其首，曰："尔但坐太师交椅，请取银绢例物，此镮掉脑后可也。"一坐失色。桧怒，明日下伶于狱，有死者。于是语禁始益繁。（岳珂《桯史》。）

绍兴中，李椿年行经界量田法。方事之初，郡邑奉命严急，民当其职者，颇困苦之。优者为先圣、先师，鼎足而坐。有弟子从末席起，咨叩所疑。孟子奋曰："夫仁政必自经界始。吾下世千五百年，其言乃为圣世所施用，三千之徒皆不如。"颜子默默无语。或于旁笑曰："使汝不是短命而死，也须做出一场害人事。"时秦桧主张李议，闻者畏获罪，不待此段之毕，即以谤亵圣贤，叱执送狱。明日，杖而逐出境。（《夷坚志》丁集。）

壬戌省试，秦桧之子熺，侄昌时、昌龄，皆奏名。公议籍籍，而无敢辄语。至乙丑春首，优者即戏场，设为士子，赴南宫，相与推论知举官为谁。指侍从某尚书、某侍郎，当主文柄，优长者非之曰："今年必差彭越。"问者曰："朝廷之上，不闻有此官员。"曰："汉梁王也。"曰："彼是古人，死已千年，如何来得？"曰："前举是楚王韩信，信、越一等人，所以知今为彭王。"问者嗤其妄，且扣厥指，笑曰："若不是韩信，如何取得他三秦！"四座不敢领略，一哄而出。秦亦不敢明行谴罚云。（《夷坚志》丁集。）

寿皇赐宰执宴，御前杂剧，装秀才三人。首问曰："第一秀才，仙乡何处？"曰："上党人。"次问："第二秀才，仙乡何处？"曰："泽州人。"又问："第三秀才，仙乡何处？"曰："湖州人。"又问："上党秀才，汝乡出何生药？"曰："某乡出人参。"次问："泽州秀才，汝乡出甚生药？"曰："某乡出甘草。"次问："湖州出甚生药？"曰："出黄檗。""如何湖州出黄檗？""最是黄檗苦人！"当时，皇伯秀王在湖州，故有此语。寿皇即日召入，赐第，奉朝请。（《贵耳集》。）

何自然中丞上疏乞朝廷并库，寿皇从之。方且讲究未定，御前有燕，杂剧伶人妆一卖故衣者，持裤一腰，只有一只裤口。买者得之，问："如何著？"卖者曰："两脚并做一裤口。"买者曰："裤却并了，只恐行不得。"寿皇即寝此议。（同上。）

胡给事元质既新贡院，嗣岁庚子，适大比，乃佽其事，命供张考校者，悉倍前规。鹄袍入试，茗卒馈浆，公庖继肉，坐案宽洁。执事恪敬，闉阇于于，以邕于文，士论大惬。会初场，赋题出《孟子》"舜闻善若决江河"，而以"闻善而行沛然莫御"为韵。士既就案矣。蜀俗敬长而尚先达，每在广场，不废请益焉。晡后，忽一老儒，摘《礼部韵》示诸生，谓沛字唯十四泰有之，一为颠沛，一为沛邑。注无沛决之义。惟它有霈字，乃从雨为可疑。众曰"是"，哄然叩帘请。出题者方假寐，有少年出酬之，漫不经意，亶云："《礼部韵》注义既非，增一雨头无害也。"挥而退，如言以登于卷。坐远于帘者，或不闻知，乃仍用前字。于是试者用霈、沛各半。明日将试《论语》，籍籍传，凡用沛字者皆窘。复叩帘。出题者初不知昨夕之对，应曰如字。廷中大喧，浸不可制，噪而入曰："试官误我三年，利害不细。"帘前闸木如拱，皆折。或入于房，执考校者一人殴之。考校者惶遽，急曰："有雨头也得，无雨头也得！"或又咎其误，曰："第二场更不敢也。"盖一时祈脱之词，移时稍定。试司申：鼓噪场屋。胡以不称于礼遇也，怒，物色为首者，尽系狱。韦布益不平。既拆号，例宴主司以劳还，毕三爵，优伶序进。有儒服。立于前者，一人旁揖之，相与诧博洽，辨古今，岸然不相下。因各求挑试所诵忆。其一问："汉名宰相凡几？"儒服以萧曹以下，枚数之无遗。群优咸赞其能。乃曰："汉相吾言之矣。敢问唐三百载，名将帅何人也？"旁揖者亦诎指英、卫以及季叶，曰："张巡、许远、田万春。"儒服奋起，争曰："巡、远之姓是也，万春之姓雷，历考史牒，未有以雷为田者。"揖者不服，撑拒腾口。俄一绿衣参军，自称教授，前据几，二人敬质疑，曰："是故雷姓。"揖者大诟，祖裼奋拳，教授遽作恐惧状，曰："有雨头也得，无雨头亦得！"坐中方失色，知其讽己也。忽优有黄衣者，持令旗跃出稠人中，曰："制置大学给事台旨：试官在座，尔辈安得无礼！"群优亟敛下，喏曰："第二场更不敢也。"侠圮皆笑，席客大惭。明日遁去。遂释系者。胡意其为郡士所使，录优而诘之，杖而出诸境。（《桯史》。）

蜀伶多能文，俳语率杂以经史，凡制帅幕府之宴集，多用之。嘉定初，吴畏斋帅成都，从行者多选人，类以京削系念。伶知其然。一日，为古衣冠服数人，游于庭，自称孔门弟子。交质以姓氏，或曰常，或曰于，或曰吾。问其所莅官，则合而应曰："皆选人也。"固请析之。居首者率然对曰："子乃不我知，《论语》所谓'常从事于斯矣'，即某其人也。官为从事而系以姓，固理之然。"问其次，曰："亦出《论语》'于从政乎何有'，盖即某官氏之称。"又问其次，曰："某又《论语》十七篇所谓'吾将仕'者。"遂相与叹咤，以选调为淹抑。有愍愚其旁者，曰："子之名不见于七十子，固圣门下第，盍扣十哲而受教焉。"如其言，见颜、闵，方在堂，群而请益。子骞蹙额曰："如之何？何必改！"衮公应之曰："然，回也不改。"众怃然不怡，曰："无已，质诸夫子。"如之，夫子不答，久而曰："钻遂改，火急可已矣。"坐客皆愧而笑。闻者至今启颜。优流侮圣言，直可诛绝。特记一时之戏语如此。（同上。）

韩平原在庆元初，其弟仰胄为知阁门事，颇与密议，时人谓之"大小韩"，求捷径者争趋之。一日内宴，优人有为衣冠到选者，自叙履历、材艺，应得美官，而流滞铨曹，自春徂冬，未有所拟，方徘徊浩叹。又为日者，敝帽持扇，过其旁，遂邀之谈庚甲，问以得禄之期。日者厉声曰："君命甚高；但于五星局中，财帛宫若有所碍。目下若欲亨达，先见小寒；更望成事，必见大寒可也。"优盖以寒为韩。侍宴者皆缩颈匿笑。（同上。）

嘉泰末年，平原公恃有扶日之功，凡事自作威福，政事皆不由内出。会内宴，伶人王公瑾曰："今日政如客人卖伞，不由里面。"宁宗恭淑后上仙，而曹氏为姨好，平原恃以为亲属，偶值真里富国进驯象至，平原语公瑾曰："不闻有真里富国。"（音如李辅国。）公瑾曰："如今有假杨国忠。"平原虽憾之，而无罪加焉。（《天中记》引《白獭髓》。）

韩侂胄用兵既败，为之须发俱白，闷不知所为。优伶因上赐侂胄宴，设樊迟、樊哙，旁有一人曰樊恼。又设一人，揖问迟："谁与你取名？"对以夫子所取。则拜曰："是圣门之高弟也。"又揖问哙，曰："谁名汝？"对曰："汉高祖所命。"则拜曰："真汉家之名将也。"又揖恼，曰："谁名汝？"对以"樊恼自取"。（叶绍翁《四朝闻见录》戊集。）

郭倪、郭杲败，因赐宴，优伶以生菱进于桌上，命二人移桌，忽生菱堕，尽碎。其一人云："苦，苦，苦！坏了许多生灵，只因移果桌。"（同上。）

金章宗元妃李氏，势位熏赫，与皇后侔。一日，宴宫中，优人瑇瑁头者，戏于前。或问："上国有何符瑞？"优曰："汝不闻凤凰见乎？"曰："知之而未闻其详。"优曰："其飞有四，所应亦异。若向上飞，则风雨顺时；向下飞，则五谷丰登；向外飞，则四国来朝；向里飞，则加官进禄。"上笑而罢。（《金史·后妃传》。）

宋端平间，真德秀应召而起，百姓仰之，若元祐之仰涑水也。继参大政，未及有所建置而卒。魏了翁帅师，亦未及有所经略而罢。临安优人，装一生儒，手持一鹤；别一生儒与之邂逅，问其姓名，曰："姓钟名庸。"问所持何物，曰："大鹤也。"因倾盖欢然，呼酒对饮。其人大嚼洪吸，酒肉靡有孑遗。忽颠仆于地，群数人曳之不动。一人乃批其颊，大骂曰："说甚《中庸》《大学》，与了许多酒食，一动也不动。"遂一笑而罢。（罗大经《鹤林玉露》。今通行十六卷本无此条。此条出《天中记》所引。）

己亥，史岩之为京尹，其弟以参政督兵于淮。一日内宴，伶人衣金紫，而幞头忽脱，乃红巾也。或惊问曰："贼裹红巾，何为官亦如此？"傍一人答曰："如今做官的都是如此。"于是褫其衣冠，则有万回佛自怀中坠地。其旁者曰："他虽做贼，且看他哥哥面。"（《齐东野语》。案：参政即史嵩之，其兄无考。）

女冠吴知古用事，人皆侧目。内晏日，参军四筵张乐，胥辈请金文书，参军怒曰："吾方听觱栗，可少缓。"请至再三，答如前。胥击其首曰："甚事不被觱栗坏了！"盖俗呼黄冠为觱栗也。（同上。）

王叔（疑有阙字）知吴门日，名其酒曰"彻底清"。锡宴日，伶人持一樽，夸于众曰："此酒名彻底清。"既而开樽，则浊醪也。旁诮之曰："汝既为彻底清，却如何如此？"答云："本是彻底清，被钱打得浑了。"（同上。）

蜀伶尤能涉猎古今，援引经史，以佐口吻，资笑谈。当史丞相弥远用事，选人改官，多出其门。制阃大宴，有优为衣冠者数辈，皆称为孔门弟子，相与言吾侪皆选人。遂各言其姓。"吾为常从事"，"吾为于从政"，"吾为吾将仕"，"吾为路文学"。别有二人出，曰："吾宰予也。夫子曰：于予与改，可谓侥幸。"其一曰："吾颜回也。夫子曰，回也不改。吾为四科之首而不改，汝何为独改？"曰："吾钻，故改，汝何不钻？"回曰："吾非不钻，而钻弥坚耳。"曰："汝之不改宜也，何不钻弥远乎？"其离析文义，可谓侮圣言；而巧发微中，有足称言者焉。（同上。）

蜀伶有袁三者，名尤著。有从官姓袁者，制蜀颇乏廉声。群优四人，分主酒、色、财、气，各夸张其好尚之乐，而余者互讥诮之。至袁优，则曰："吾所好者，财也。"因极言财之美、利，众亦讥诮之。徐以手自指曰："任你讥笑，其如袁丈好此何！"（同上。）

弘治己未科会试，学士程敏政主考，仆辈假通关节，以要赂。举人唐寅辈因而夤缘，欲窃高第，为言官华昶等所发，逮赴诏狱。孝皇亲御午门，会法司官鞠问，以东宫旧官，从轻夺职。尝闻事未发时，孝皇内宴，优人扮出一人，以盘捧熟豚蹄七，行且号曰："卖蹄呵。"一人就买，问价几何。曰："一千两一个。"买者曰："何贵若是！"卖者曰："此俱熟蹄，非生蹄也。"哄堂而罢。孝皇顿悟。（明徐咸《西园杂记》。）

奏定经学科大学文学科大学章程书后

本世纪初，清廷大臣张之洞在其主持制定的大学章程中，特意砍去"哲学"一科，而以宋人"理学"（限于道德实践部分）代之。先生对此给以猛锐的抨击。在分析哲学的价值与崇高地位的同时，先生直接揭出张的内心恐惧所在，即视西洋之思想皆"酿乱之鞠蘖"，与儒学绝不相容。先生明白声称："儒家之说"的究竟有无价值，须在深研"诸子之学"与兼通"西洋哲学"之后，始有可能做出判断。他断言，依张的《章程》，只能养成一批"咕哔之俗儒"；而"异日发明光大我国之学术者，必在兼通世界学术之人，而不在一孔之陋儒，固可决也"。篇中公然嘲笑这位"张尚书"处于今日"研究自由之时代"，居然还梦想"罢斥百家"，其愚蠢可笑正与昔日"杞人"之"忧天堕而压己"相等。这些在当日颇有离"经"叛"道"气味，至今读之，犹觉虎虎有生气。

其后陈独秀在《新青年》中亦云："儒家不过是学术的一种"，"汉宋之人独尊儒家，墨法名农诸家皆废，遂至败坏中国"。"即以国粹论，旧说九流并美，倘尚一尊，不独神州学术不放光辉，即孔学亦以独尊之故而日形衰落也。人间万事恒以相竞而兴，专占而萎败，不独学术一端如此也。"（《答常乃德》。）陈说颇足与先生相发明。

今日之《奏定学校章程》，草创之者黄陂陈君毅，而南皮张尚书实成之。其小学中学诸章程中，亦有不合于教育之理法者，以世多能知之，能言之，余故勿论。今分科大学之立有日矣，且论大学。大学中若医、法、理、工、农、商诸科，但袭日本大学之旧，不知中国现在之情形有当否，以非予之专门，亦不具论，但论经学科、文学科大学。

分科大学章程中之最宜改善者，经学文学二科是已。余谓此张尚书最得意之作也。尚书素以硕学名海内，又于政事之暇不废稽古。观此二科之章程内详定教授之细目及其研究法，肫肫焉不惜数千言，为国家名誉最高、学问最深之大学教授言之，而于中学小学国家所宜详定教授之范围及其细目者，反无闻焉。吾人不能不服尚书之重视此二科，又于其学术上所素娴者不惮忠实陈其意见也。且尚书不独以经术文章名海内，又公忠体国，以扶翼世道为己任者也。故惧邪说之横流、国粹之丧失之意，在在溢于言表，于此二章程中，尤情见乎辞矣。吾人固推重尚书之学问，而于其扶翼世道人心之处，尤不能不再三倾倒也。虽然，尚书之志则善矣，然所以图国家学术之发达者，则固有所未尽焉。今不暇细论其误，特就其根本之处言之如左，以俟当局者采择焉。

其根本之误何在？曰：在缺哲学一科而已。夫欧洲各国大学无不以神、哲、医、法四学为分科之基本。日本大学虽易哲学科以文科之名，然其文科之九科中，则哲学科衮然居首，而余八科无不以哲学概论、哲学史为其基本学科者。今经学科大学中虽附设理学一门，然其范围限于宋以后之哲学，又其宗旨在贵实践而忌空谈（《学务纲要》第三十条），则夫《太极图说》《正蒙》等必在摈斥之例。则就宋人哲学中言之，又不过其一部分而已。吾人且不论哲学之不可不特置一科，又不论经学文学二科中之必不可不讲哲学，且质南皮尚书之所以必废此科之理由如何：

（一）必以哲学为有害之学也。夫言哲学之害，必自其及于政治上者始矣。数年前，海内"自由""革命"之说，虽与欧洲十八世纪哲学上之自然主义稍有关系,然此等说宁属于政治法律之方面,而不属于哲学之方面。今不以此说之故,而废直接之政治法律,何独于间接之哲学科而废之?且吾信昔之唱此说以号召天下者,不独于哲学上之自然主义懵无所知,且亦不知政治法律为何物者也。不逞之徒,何地蔑有?昔之洪、杨,今之孙、陈,宁皆哲学家哉!且自然主义不过哲学中之一家言,与之反对者何可胜道。余谓不研究哲学则已,苟有研究之者,则必博稽众说而唯真理之从。其有奉此说者,虽学问之自由独立上所不禁,然理论之与实行其间必有辨矣。今者,政体将改,上下一心,反侧既安,莠言自泯,则疑此学为酿乱之麴蘖者,可谓全无根据之说也。

(二)必以哲学为无用之学也。虽余辈之研究哲学者,亦必昌言此学为无用之学也。何则?以功用论哲学,则哲学之价值失。哲学之所以有价值者,正以其超出乎利用之范围故也。且夫人类岂徒为利用而生活者哉?人于生活之欲外,有知识焉,有感情焉。感情之最高之满足,必求之文学、美术;知识之最高之满足,必求诸哲学。叔本华所以称人为形而上学的动物而有形而上学的需要者,为此故也。故无论古今东西,其国民之文化苟达一定之程度者,无不有一种之哲学。而所谓哲学家者,亦无不受国民之尊敬,而国民亦以是为轻重。光英吉利之历史者,非威灵吞、纳尔孙,而培根、洛克也。大德意志之名誉者,非俾思麦、毛奇,而汗德、叔本华也。即在世界所号为最实际之国民如我中国者,于《易》之"太极"、《洪范》之"五行"、《周子》之"无极",伊川、晦庵之"理气"等,每为历代学者研究之题目,足以见形而上学之需要之存在,而人类一日存,此学即不能一日亡也。而中国之有此数人,其为历史上之光,宁他事所可比哉!今若以功用为学问之标准,则经学文学等之无用亦与哲学等,必当在废斥之列,而大学之所授者,非限于物质的应用的科学不可。坐令国家最高之学府与工场闤闠等,此必非国家振兴学术之意也。夫就哲学家言之,固无待于国家之保护，哲学家而仰国家之保护，哲学家之大辱也。又国家即不保护此学，亦无碍于此学之发达。然就国家言之，则提倡最高之学术，国家最大之名誉也。有腓立大王为之君，有崔特里兹为之相，而后汗德之《纯理批评》得出版而无所惮。故学者之名誉，君与相实共之。今以国家最高之学府，而置此学而不讲，断非所以示世界也。况哲学自直接言之，固不能辞其为无用之学，而自间接言之，则世所号为最有用之学如教育学等，非有哲学之预备，殆不能解其真意。即令一无所用，亦断无废之之理，况乎其有无用之用哉！

（三）必以外国之哲学与中国古来之学术不相容也。吾谓张尚书之意，岂独对外国哲学为然哉，其对我国之哲学，亦未尝不有戒心焉。故周、秦诸子之学，皆在所摈弃，而宋儒之理学，独限于其道德哲学之范围内研究之。然此又大谬不然者也。《易》不言"太极"，则无以明其生生之旨，《周子》不言"无极"，则无以固其主静之说，伊川、晦庵若不言"理"与"气"，则其存养省察之说为无根柢。故欲离其形而上学而研究其道德哲学，全不可能之事也。至周、秦诸子之说，虽若时与儒家相反对，然欲知儒家之价值，亦非尽知其反对诸家之说不可，况乎其各持之有故，言之成理者哉！今日之时代，已入研究自由之时代，而非教权专制之时代。苟儒家之说而有价值也，则因研究诸子之学而益明；其无价值也，虽罢斥百家，适足滋世人之疑惑耳。吾窃叹尚书之知之与杞人等也！昔日杞人有忧天堕而压己者，尚书之忧道，无乃类是！若夫西洋哲学之于中国哲学，其关系亦与诸子哲学之于儒教哲学等。今即不论西洋哲学自己之价值，而欲完全知此土之哲学，势不可不研究彼土之哲学。异日发明光大我国之学术者，必在兼通世界学术之人，而不在一孔之陋儒，固可决也。然则尚书之远虑及此，亦不免三思而惑者矣。

尚书所以废哲学科之理由，当不外此三者。此恐不独尚书一人之意见为然，吾国士大夫之大半，当无不怀此疑虑者也。而其不足疑虑也，既如上所述，则尚书之废此科，虽欲不谓之无理由，不可得也。若不改此根本之谬误，则他日此二科中所养成之人才，其优于占毕帖括之学者几何？而我国之经学文学，不至坠于地不已。此余所为不能默尔而息者也。

由上文所述观之，不但尚书之废哲学一科为无理由，而哲学之不可不特立一科，又经学科中之不可不授哲学，其故可睹矣。至文学与哲学之关系，其密切亦不下于经学。今夫吾国文学上之最可宝贵者，孰过于周、秦以前之古典乎？《系辞》上下传实与《孟子》、戴《记》等为儒家最粹之文学，若自其思想言之，则又纯粹之哲学也。今不解其思想，而但玩其文辞，则其文学上之价值已失其大半。此外周、秦诸子，亦何莫不然？自宋以后，哲学渐与文学离，然如《太极图说》《通书》《正蒙》《皇极经世》等，自文辞上观之，虽欲不谓之工，岂可得哉：此外如朱子之于南宋，阳明之于明，非独以哲学鸣，言其文学，亦断非同时龙川、水心及前后七子等之所能及也。凡此诸子之书，亦哲学，亦文学。今舍其哲学，而徒研究其文学，欲其完全解释，安可得也！西洋之文学亦然。柏拉图之《问答篇》，鲁克来谑斯之《物性赋》，皆具哲学文学二者之资格。特如文学中之诗歌一门，尤与哲学有同一之性质。其所欲解释者，皆宇宙人生上根本之问题。不过其解释之方法，一直观的，一思考的；一顿悟的，一合理的耳。读者观格代、希尔列尔之戏曲，所负于斯披诺若、汗德者如何，则思过半矣。今文学科大学中，既授外国文学矣，不解外国哲学之大意而欲全解其文学，是犹却行而求前，南辕而北其辙，必不可得之数也。且定美之标准与文学上之原理者，亦唯可于哲学之一分科之美学中求之。虽有文学上之天才者，无俟此学之教训，而无才者亦不能以此等抽象之学问养成之。然以有此等学故，得使旷世之才稍省其劳力，而中智之人不惑于歧途，其功固不可没也。故哲学之重要，自经学上言之则如彼，自文学上言之则如此，是故不冀经学文学之发达则已，苟谋其发达进步，则此二科之章程不可不自根本上改善之也。

除此根本之大谬外，特将其枝叶之谬，论之如左：

一、经学科大学与文学科大学之不可分而为二也。经学家之言曰："《六经》天下之至文。"文学家之言曰："约《六经》之旨以成文。"二者尚书岂不知之，而顾别经学科于文学科中者，则出于尊经之意，不欲使孔、孟之书与外国文学等侏离之言为伍也。夫尊孔、孟之道，莫若发明光大之，而发明光大之之道，又莫若兼究外国之学说。今徒于形式上置经学于各分科大学之首，而不问内容之关系如何，断非所以尊之也。且果由尚书之道以尊孔、孟，曷为不废外国文学也？貌为尊孔以自附于圣人之徒，或貌为崇拜外国以取媚于时势，二者均窃为尚书不取也。为尚书辩者曰：西洋大学之神学科皆为独立之分科，则经学之为一独立之分科，何所不可？曰：西洋大学之神学科，为识者所诟病久矣。何则？宗教者，信仰之事，而非研究之事。研究宗教是失宗教之信仰也，若为信仰之故而研究，则又失研究之本义。西洋之神学，所谓为信仰之故而研究者也，故与为研究之故而研究之哲学，不能并立于一科中。若我孔、孟之说，则固非宗教而学说也，与一切他学均以研究而益明，而必欲独立一科，以与极有关系之文学相隔绝，此则余所不解也。若为尊经之故，则置文学科于大学之首可耳，何必效西洋之神学科，以自外于学问者哉？

一、群经之不可分科也。夫"不通诸经，不能解一经"，此古人至精之言也。以尚书之邃于经学，岂不知此义，而顾分经学至十一科者，则以既别经学于文学，则经学科大学中之各科，未免较他科大学相形见少故也。今若合经学科于文学科大学中，则此科为文学科大学之一科，自不必分之至析。夫我国自西汉博士既废以后，所谓经师，无不博综群经者。国朝诸老亦然。且大学者，虽为国家最高之专门学校，然所授者，亦不过专门中之普通学与以毕生研究之预备而已。故今日所最亟者，在授世界最进步之学问之大略，使知研究之方法。至于研究专门中之专门，则又毕生之事业，而不能不俟诸卒业以后也。

一、地理学科不必设也。文学科大学中之有地理科，斯最可异者已。夫今日之世界，人迹所不到之地殆少，故自地理学之材料上言之，殆无可云进步矣。其尚可研究之方面，则在地文地质二学。然此二学之性质属于格致科，而不属于文学科。今格致科大学中既有地质科矣，则地理学之事可附于此科中研究之，若别置一科，不免有重复之弊矣。

由余之意，则可合经学科大学于文学科大学中，而定文学科大学之各科为五：一、经学科；二、理学科；三、史学科；四、中国文学科；五、外国文学科（此科可先置英、德、法三国，以后再及各国）。而定各科所当授之科目如左：

一、经学科科目：（一）哲学概论；（二）中国哲学史；（三）西洋哲学史；（四）心理学；（五）伦理学；（六）名学；（七）美学；（八）社会学；（九）教育学；（十）外国文。

二、理学科科目：（一）哲学概论；（二）中国哲学史；（三）印度哲学史；（四）西洋哲学史；（五）心理学；（六）伦理学；（七）名学；（八）美学；（九）社会学；（十）教育学；（十一）外国文。

三、史学科科目：（一）中国史；（二）东洋史；（三）西洋史；（四）哲学概论；（五）历史哲学；（六）年代学；（七）比较言语学；（八）比较神话学；（九）社会学；（十）人类学；（十一）教育学；（十二）外国文。

四、中国文学科科目：（一）哲学概论；（二）中国哲学史；（三）西洋哲学史；（四）中国文学史；（五）

西洋文学史；（六）心理学；（七）名学；（八）美学；（九）中国史；（十）教育学；（十一）外国文。

五、外国文学科科目：（一）哲学概论；（二）中国哲学史；（三）西洋哲学史；（四）中国文学史；（五）西洋文学史；（六）□国文学史；（七）心理学；（八）名学；（九）美学；（十）教育学；（十一）外国文。

教育小言十则

（一）

学术之绝久矣！昔孔子以老者不教、少者不学为国之不祥；闵子马以原伯鲁之不悦学，而卜原氏之亡。今举天下之人而不悦学，几何不胥人人为不祥之人，而胥天下而亡也！

（二）

或曰："今日上之人日言奖励学术，下之人日言研究学术，子曷言其'不悦学'也？"曰："上之奖励之者，以其名也，否则以其可致用也。其为学术自己故，而尊之者几何？下之研究之者，亦以其名也，否则以其可得利禄也，否则以其可致用也。其为学术自己故，而研究之者，吾知其不及千分之一也。"

（三）

夫然，故今之学者，其治艺者多，而治学者少；即号称治学者，其能知学与艺之区别，而不视学为艺者，又几人矣！故其学苟可以得利禄，苟略可以致用，则遂嚣然自足，或以筌蹄视之。彼等于学问固无固有之兴味，则其中道而止，固不足怪也。

（四）

治新学者既若是矣，治旧学者又何如？十年以前，士大夫尚有闭户著书者，今虽不敢谓其绝无，然亦如凤毛麟角矣！夫今日欲求真悦学者，宁于旧学中求之。以研究新学者之真为学问欤？抑以学问为羔雁欤？吾人所不易知。不如深研见弃之旧学者，吾人能断其出于好学之真意故也。然今则何如？

（五）

德清俞氏之殁几半年矣。俞氏之于学问，固非有所心得；然其为学之敏与著书之勤，至耄而不衰，固今日学者之好模范也。然于其死也，社会上无铺张之者，亦无致哀悼之词者，计其价值乃不如以脑病蹈海之留学生！吾国人对学问之兴味如何，亦可于此观之矣。

（六）

然吾人亦非谓今之学者绝不悦学也，即有悦之者，亦无坚忍之志、永久之注意。若是者，其为口耳之学则可矣；若夫绵密之科学，深邃之哲学，伟大之文学，则固非此等学者所能有事也。

（七）

日之暮也，人之心力已耗，行将就床，此时不适于为学，非与人闲话，则但可读杂记小说耳。人之老也，精力已耗，行将就木，此时亦不适于为学，非枯坐终日，亦但可读杂记小说耳。今奈何一国之学者而无朝气、无注意力也！其将就睡欤？抑将就木欤？吾不得而知之，吾但祈孔子与闵子马之言之不验而已矣！

（八）

要之，我国人废学之病实原于意志之薄弱。而意志薄弱之结果，于废学外，又生三种之疾病：曰运动狂，曰嗜欲狂，曰自杀狂。

（九）

前二者之为意志薄弱之结果，人皆知之。至自杀之事，吾人姑不论其善恶如何，但自心理上观之，则非力不足以副其志而入于绝望之域，必其意志之力不能制其一时之感情，而后出此也。而意志薄弱之社会反以美名加之，吾人虽不欲科以杀人之罪，其可得乎！

（十）

然则今日之言教育者，宜如何讲求陶冶意志之道乎！然教育家中其有强毅之意志者有几？诗曰："螟蛉有子，果蠃负之。教诲尔子，式谷似之。"此大可为社会前途虑者也。

最近二三十年中中国新发见之学问

　　古来新学问起，大都由于新发见。有孔子壁中书出，而后有汉以来古文家之学；有赵宋古器出，而后有宋以来古器物、古文字之学。惟晋时汲冢竹简出土后，即继以永嘉之乱，故其结果不甚著。然同时杜元凯注《左传》，稍后郭璞注《山海经》，已用其说；而《纪年》所记禹、益、伊尹事，至今成为历史上之问题。然则中国纸上之学问赖于地下之学问者，固不自今日始矣。自汉以来，中国学问上之最大发现有三：一为孔子壁中书；二为汲冢书；三则今之殷虚甲骨文字，敦煌塞上及西域各处之汉晋木简，敦煌千佛洞之六朝及唐人写本书卷，内阁大库之元明以来书籍档册。此四者之一已足当孔壁、汲冢所出，而各地零星发见之金石书籍，于学术有大关系者，尚不与焉。故今日之时代可谓之"发见时代"，自来未有能比者也。今将此二三十年发见之材料，并学者研究之结果，分五项说之。

　　一、殷虚甲骨文字

　　此殷代卜时命龟之辞，刊于龟甲及牛骨上。光绪戊戌己亥间，始出于河南彰德府西北五里之小屯。其地在洹水之南，水三面环之。《史记·项羽本纪》所谓"洹水南，殷虚上"者也。初出土后，潍县估人得其数片，以售之福山王文敏（懿荣）。文敏命秘其事，一时所出，先后皆归之。庚子，文敏殉难，其所藏皆归丹徒刘铁云（鹗）。铁云复命估人搜之河南，所藏至三四千片。光绪壬寅，刘氏选千余片影印传世，所谓《铁云藏龟》是也。丙午，上虞罗叔言参事始官京师，复令估人大搜之，于是丙丁以后所出，多归罗氏。自丙午至辛亥，所得约二三万片。而彰德长老会牧师明义士（T. M. Menzies）所得亦五六千片。其余散在各家者尚近万片。近十年中乃不复出。

其著录此类文字之书，则《铁云藏龟》外，有罗氏之《殷虚书契前编》《殷虚书契后编》《殷虚书契菁华》《铁云藏龟之余》，日本林泰辅博士之《龟甲兽骨文字》，明义士之《殷虚卜辞》（The Oracle Records of the Waste of Yin），哈同氏之《戬寿堂所藏殷虚文字》，凡八种。而研究其文字者，则瑞安孙仲容比部始于光绪甲辰撰《契文举例》。罗氏于宣统庚戌撰《殷商贞卜文字考》，嗣撰《殷虚书契考释》《殷虚书契待问编》等。商承祚氏之《殷虚文字类编》，复取材于罗氏改定之稿。而《戬寿堂所藏殷虚文字》，余亦有考释。此外，孙氏之《名原》亦颇审释甲骨文字，然与其《契文举例》皆仅据《铁云藏龟》为之，故其说不无武断。审释文字自以罗氏为第一，其考定小屯之为故殷虚，及审释殷帝王名号，皆由罗氏发之。余复据此种材料作《殷卜辞中所见先公先王考》，以证《世本》《史记》之为实录；作《殷周制度论》以比较二代之文化。然此学中所可研究发明之处尚多，不能不有待于后此之努力也。

二、敦煌塞上及西域各地之简牍

汉人木简，宋徽宗时已于陕右发见之，靖康之祸，为金人索之而去。当光绪中叶，英印度政府所派遣之匈牙利人斯坦因博士（M. Aurel Stein），访古于我和阗（Khotan），于尼雅河下流废址，得魏晋间人所书木简数十枚。嗣于光绪季年，先后于罗布淖尔东北故城，得晋初人书木简百余枚，于敦煌汉长城故址得两汉人所书木简数百枚，皆经法人沙畹教授（Ed. Chavannes）考释。其第一次所得，印于斯氏《和阗故迹》（Sand-buried Ruins of Khotan）中。第二次所得，别为专书，于癸丑甲寅间出版。此项木简中有古书、历日、方书，而其大半皆屯戍簿录，于史地二学关系极大。癸丑冬日，沙畹教授寄其校订未印成之本于罗叔言参事，罗氏与余重加考订，并斯氏在和阗所得者景印行世，所谓《流沙坠简》是也。

三、敦煌千佛洞之六朝唐人所书卷轴

汉晋牍简，斯氏均由人工发掘得之，然同时又有无尽之宝藏于无意中出世，而为斯氏及法国之伯希和教授携去大半者，则千佛洞之六朝及唐五代宋初人所书之卷子本是也。千佛洞本为佛寺，今为道士所居。当光绪中叶，道观壁坏，始发见古代藏书之窟室。其中书籍居大半，而画幅及佛家所用幡幢等亦杂其中。余见浭阳端氏所藏敦煌出开宝八年灵修寺尼画观音像，乃光绪己亥所得。又，乌程蒋氏所藏沙州曹氏二画像，乃光绪甲辰以前叶鞠裳学使（昌炽）视学甘肃时所收。然中州人皆不知。至光绪丁未，斯坦因氏与伯希和氏（Paul Pelliot）先后至敦煌，各得六朝人及唐人所写卷子本书数千卷，及古梵文、古波斯文及突厥、回鹘诸国文字无算。我国人始稍稍知之，乃取其余约万卷，置诸学部所立之京师图书馆。前后复经盗窃，散归私家者亦当不下数千卷。其中佛典居百分之九五。其四部书为我国宋以后所久佚者："经"部有未改字《古文尚书·孔氏传》、未改字《尚书释文》、糜信《春秋谷梁传解释》、《〈论语〉郑氏注》、陆法言《切韵》等；"史"部则有孔衍《春秋后语》、唐西州沙州诸图经、慧超《往五天竺国传》等（以上并在法国）；"子"部则有《老子化胡经》《摩尼教经》《景教经》；"集"部有唐人词曲及通俗诗、小说各若干种。

己酉冬日，上虞罗氏就伯氏所寄影本为《敦煌石室遗书》，排印行世。越一年，复印其景本为《石室秘宝》十五种。又五年癸丑，复刊行《鸣沙石室逸书》十八种。又五年戊午，刊行《鸣沙石室古籍丛残》三十种，皆巴黎国民图书馆之物。而英伦所藏，则武进董授经（康）、日本狩野博士（直喜）、羽田博士（亨）、内藤

博士（虎次郎），虽各抄录景照若干种，然未有出版之日也。

四、内阁大库之书籍档案

内阁大库在旧内阁衙门之东，临东华门内通路，素为典籍厅所掌。其所藏，书籍居十之三，档案居十之七。其书籍多明文渊阁之遗，其档案则有历朝政府所奉之硃谕、臣工缴进之勅谕、批折、黄本、题本、奏本、外藩属国之表章、历科殿试之大卷。宣统元年，大库屋坏，有司缮完，乃暂移于文华殿之两庑，然露积库垣内尚半。时南皮张文襄（之洞）管学部事，乃奏请以阁中所藏四朝书籍设京师图书馆，其档案则置诸国子监之南学，试卷等置诸学部大堂之后楼。壬子以后，学部及南学之藏复移于午门楼上之历史博物馆。越十年，馆中复以档案四之三售诸故纸商，其数凡九千麻袋，将以造还魂纸。为罗叔言所闻，三倍其价购之商人，移贮于彰义门之善果寺。而历史博物馆之剩余，亦为北京大学取去，渐行整理，其目在大学日刊中。罗氏所得，以分量太多，仅整理其十分之一，取其要者，汇刊为《史料丛刊》十册，其余今归德化李氏。

五、中国境内之古外族遗文

中国境内古今所居外族甚多。古代匈奴、鲜卑、突厥、回纥、契丹、西夏诸国，均立国于中国北陲，其遗物颇有存者，然世罕知之。惟元时耶律铸见突厥阙特勤碑及辽太祖碑。当光绪己丑，俄人拉特禄夫访古于蒙古，于元和林故城北，访得突厥阙特勤碑、苾伽可汗碑、回鹘九姓可汗三碑。突厥二碑皆有中国突厥二种文字，回鹘碑并有粟特文字。及光绪之季，英法德俄四国探险队入新疆，所得外族文字写本尤伙。其中除梵文、佉卢文、回鹘文外，更有三种不可识之文字，旋发见其一种为粟特语，而他二种则西人假名之曰"第一言语""第二言语"，后亦渐知为吐火罗语及东伊兰语。此正与玄奘《西域记》所记三种语言相合：粟特语即玄奘之所谓"窣利"，吐火罗即玄奘之"睹货逻"，其东伊兰语则其所谓葱岭以东诸国语也。当时粟特、吐火罗人多出入于我新疆，故今日犹有其遗物。惜我国人尚未有研究此种古代语者，而欲研究之，势不可不求之英法德诸国。惟宣统庚戌，俄人柯智禄夫大佐于甘州古塔，得西夏文字书。而元时所刻河西文《大藏经》，后亦出于京师。上虞罗福苌乃始通西夏文之读。今苏俄使馆参赞伊凤阁博士（Ivanoff），更为西夏语音之研究，其结果尚未发表也。

此外，近三十年中，中国古金石、古器物之发见，殆无岁无之。其于学术上之关系亦未必让于上五项，然以零星分散故，不能一一缕举。惟此五者，分量最多，又为近三十年中特有之发见，故比而述之。然此等发见物，合世界学者之全力研究之，其所阐发尚未及其半，况后此之发见亦正自无穷，此不能不有待少年之努力也。